De rerum natura

Lukrez

Lukrez
Titus Lucretius Carus

De rerum natura

Liber Primus

Aeneadum genetrix, hominum divomque voluptas,
alma Venus, caeli subter labentia signa
quae mare navigerum, quae terras frugiferentis
concelebras, per te quoniam genus omne animantum
concipitur visitque exortum lumina solis: 5
te, dea, te fugiunt venti, te nubila caeli
adventumque tuum, tibi suavis daedala tellus
summittit flores, tibi rident aequora ponti
placatumque nitet diffuso lumine caelum.
nam simul ac species patefactast verna diei   10
et reserata viget genitabilis aura favoni,
aeriae primum volucris te, diva, tuumque
significant initum perculsae corda tua vi.
inde ferae pecudes persultant pabula laeta   15
et rapidos tranant amnis: ita capta lepore   14
te sequitur cupide quo quamque inducere pergis.   16
denique per maria ac montis fluviosque rapacis
frondiferasque domos avium camposque virentis
omnibus incutiens blandum per pectora amorem
efficis ut cupide generatim saecla propagent.   20
quae quoniam rerum naturam sola gubernas
nec sine te quicquam dias in luminis oras
exoritur neque fit laetum neque amabile quicquam,
te sociam studeo scribendis versibus esse,
quos ego de rerum natura pangere conor   25
Memmiadae nostro, quem tu, dea, tempore in omni

omnibus ornatum voluisti excellere rebus.
quo magis aeternum da dictis, diva, leporem.
effice ut interea fera moenera militiai
per maria ac terras omnis sopita quiescant;   30
nam tu sola potes tranquilla pace iuvare
mortalis, quoniam belli fera moenera Mavors
armipotens regit, in gremium qui saepe tuum se
reiicit aeterno devictus vulnere amoris,
atque ita suspiciens tereti cervice reposta   35
pascit amore avidos inhians in te, dea, visus
eque tuo pendet resupini spiritus ore.
hunc tu, diva, tuo recubantem corpore sancto
circum fusa super, suavis ex ore loquellas
funde petens placidam Romanis, incluta, pacem;   40
nam neque nos agere hoc patriai tempore iniquo
possumus aequo animo nec Memmi clara propago
talibus in rebus communi desse saluti.
omnis enim per se divum natura necessest
immortali aevo summa cum pace fruatur   45
semota ab nostris rebus seiunctaque longe;
nam privata dolore omni, privata periclis,
ipsa suis pollens opibus, nihil indiga nostri,
nec bene promeritis capitur nec tangitur ira.
Quod super est, vacuas auris animumque sagacem   50
semotum a curis adhibe veram ad rationem,
ne mea dona tibi studio disposta fideli,
intellecta prius quam sint, contempta relinquas.
nam tibi de summa caeli ratione deumque
disserere incipiam et rerum primordia pandam,   55
unde omnis natura creet res, auctet alatque,
quove eadem rursum natura perempta resolvat,
quae nos materiem et genitalia corpora rebus
reddunda in ratione vocare et semina rerum
appellare suemus et haec eadem usurpare   60
corpora prima, quod ex illis sunt omnia primis.
Humana ante oculos foede cum vita iaceret
in terris oppressa gravi sub religione,
quae caput a caeli regionibus ostendebat

horribili super aspectu mortalibus instans,   65
primum Graius homo mortalis tollere contra
est oculos ausus primusque obsistere contra;
quem neque fama deum nec fulmina nec minitanti
murmure compressit caelum, sed eo magis acrem
inritat animi virtutem, effringere ut arta   70
naturae primus portarum claustra cupiret.
ergo vivida vis animi pervicit et extra
processit longe flammantia moenia mundi
atque omne immensum peragravit mente animoque,
unde refert nobis victor quid possit oriri,   75
quid nequeat, finita potestas denique cuique
qua nam sit ratione atque alte terminus haerens.
quare religio pedibus subiecta vicissim
opteritur, nos exaequat victoria caelo.
Illud in his rebus vereor, ne forte rearis   80
impia te rationis inire elementa viamque
indugredi sceleris. quod contra saepius illa
religio peperit scelerosa atque impia facta.
Aulide quo pacto Triviai virginis aram
Iphianassai turparunt sanguine foede   85
ductores Danaum delecti, prima virorum.
cui simul infula virgineos circum data comptus
ex utraque pari malarum parte profusast,
et maestum simul ante aras adstare parentem
sensit et hunc propter ferrum celare ministros   90
aspectuque suo lacrimas effundere civis,
muta metu terram genibus summissa petebat.
nec miserae prodesse in tali tempore quibat,
quod patrio princeps donarat nomine regem;
nam sublata virum manibus tremibundaque ad aras   95
deductast, non ut sollemni more sacrorum
perfecto posset claro comitari Hymenaeo,
sed casta inceste nubendi tempore in ipso
hostia concideret mactatu maesta parentis,
exitus ut classi felix faustusque daretur.   100
tantum religio potuit suadere malorum.
Tutemet a nobis iam quovis tempore vatum

terriloquis victus dictis desciscere quaeres.
quippe etenim quam multa tibi iam fingere possunt
somnia, quae vitae rationes vertere possint   105
fortunasque tuas omnis turbare timore!
et merito; nam si certam finem esse viderent
aerumnarum homines, aliqua ratione valerent
religionibus atque minis obsistere vatum.
nunc ratio nulla est restandi, nulla facultas,   110
aeternas quoniam poenas in morte timendum.
ignoratur enim quae sit natura animai,
nata sit an contra nascentibus insinuetur
et simul intereat nobiscum morte dirempta
an tenebras Orci visat vastasque lacunas   115
an pecudes alias divinitus insinuet se,
Ennius ut noster cecinit, qui primus amoeno
detulit ex Helicone perenni fronde coronam,
per gentis Italas hominum quae clara clueret;
etsi praeterea tamen esse Acherusia templa   120
Ennius aeternis exponit versibus edens,
quo neque permaneant animae neque corpora nostra,
sed quaedam simulacra modis pallentia miris;
unde sibi exortam semper florentis Homeri
commemorat speciem lacrimas effundere salsas   125
coepisse et rerum naturam expandere dictis.
qua propter bene cum superis de rebus habenda
nobis est ratio, solis lunaeque meatus
qua fiant ratione, et qua vi quaeque gerantur
in terris, tunc cum primis ratione sagaci   130
unde anima atque animi constet natura videndum,
et quae res nobis vigilantibus obvia mentes
terrificet morbo adfectis somnoque sepultis,
cernere uti videamur eos audireque coram,
morte obita quorum tellus amplectitur ossa.   135
Nec me animi fallit Graiorum obscura reperta
difficile inlustrare Latinis versibus esse,
multa novis verbis praesertim cum sit agendum
propter egestatem linguae et rerum novitatem;
sed tua me virtus tamen et sperata voluptas   140

suavis amicitiae quemvis efferre laborem
suadet et inducit noctes vigilare serenas
quaerentem dictis quibus et quo carmine demum
clara tuae possim praepandere lumina menti,
res quibus occultas penitus convisere possis.   145
hunc igitur terrorem animi tenebrasque necessest
non radii solis neque lucida tela diei
discutiant, sed naturae species ratioque.
Principium cuius hinc nobis exordia sumet,
nullam rem e nihilo gigni divinitus umquam.   150
quippe ita formido mortalis continet omnis,
quod multa in terris fieri caeloque tuentur,
quorum operum causas nulla ratione videre
possunt ac fieri divino numine rentur.
quas ob res ubi viderimus nil posse creari   156
de nihilo, tum quod sequimur iam rectius inde
perspiciemus, et unde queat res quaeque creari
et quo quaeque modo fiant opera sine divom.   155
Nam si de nihilo fierent, ex omnibus rebus   159
omne genus nasci posset, nil semine egeret.
e mare primum homines, e terra posset oriri
squamigerum genus et volucres erumpere caelo;
armenta atque aliae pecudes, genus omne ferarum,
incerto partu culta ac deserta tenerent.
nec fructus idem arboribus constare solerent,   165
sed mutarentur, ferre omnes omnia possent.
quippe ubi non essent genitalia corpora cuique,
qui posset mater rebus consistere certa?
at nunc seminibus quia certis quaeque creantur,
inde enascitur atque oras in luminis exit,   170
materies ubi inest cuiusque et corpora prima;
atque hac re nequeunt ex omnibus omnia gigni,
quod certis in rebus inest secreta facultas.
Praeterea cur vere rosam, frumenta calore,
vites autumno fundi suadente videmus,   175
si non, certa suo quia tempore semina rerum
cum confluxerunt, patefit quod cumque creatur,
dum tempestates adsunt et vivida tellus

tuto res teneras effert in luminis oras?
quod si de nihilo fierent, subito exorerentur   180
incerto spatio atque alienis partibus anni,
quippe ubi nulla forent primordia, quae genitali
concilio possent arceri tempore iniquo.
Nec porro augendis rebus spatio foret usus
seminis ad coitum, si e nilo crescere possent;   185
nam fierent iuvenes subito ex infantibus parvis
e terraque exorta repente arbusta salirent.
quorum nil fieri manifestum est, omnia quando
paulatim crescunt, ut par est semine certo,
crescentesque genus servant; ut noscere possis   190
quicque sua de materia grandescere alique.
Huc accedit uti sine certis imbribus anni
laetificos nequeat fetus submittere tellus
nec porro secreta cibo natura animantum
propagare genus possit vitamque tueri;   195
ut potius multis communia corpora rebus
multa putes esse, ut verbis elementa videmus,
quam sine principiis ullam rem existere posse.
Denique cur homines tantos natura parare
non potuit, pedibus qui pontum per vada possent   200
transire et magnos manibus divellere montis
multaque vivendo vitalia vincere saecla,
si non, materies quia rebus reddita certast
gignundis, e qua constat quid possit oriri?
nil igitur fieri de nilo posse fatendumst,   205
semine quando opus est rebus, quo quaeque creatae
aeris in teneras possint proferrier auras.
Postremo quoniam incultis praestare videmus
culta loca et manibus melioris reddere fetus,
esse videlicet in terris primordia rerum   210
quae nos fecundas vertentes vomere glebas
terraique solum subigentes cimus ad ortus;
quod si nulla forent, nostro sine quaeque labore
sponte sua multo fieri meliora videres.
Huc accedit uti quicque in sua corpora rursum   215
dissoluat natura neque ad nihilum interemat res.

nam siquid mortale e cunctis partibus esset,
ex oculis res quaeque repente erepta periret;
nulla vi foret usus enim, quae partibus eius
discidium parere et nexus exsolvere posset.   220
quod nunc, aeterno quia constant semine quaeque,
donec vis obiit, quae res diverberet ictu
aut intus penetret per inania dissoluatque,
nullius exitium patitur natura videri.
Praeterea quae cumque vetustate amovet aetas,   225
si penitus peremit consumens materiem omnem,
unde animale genus generatim in lumina vitae
redducit Venus, aut redductum daedala tellus
unde alit atque auget generatim pabula praebens?
unde mare ingenuei fontes externaque longe   230
flumina suppeditant? unde aether sidera pascit?
omnia enim debet, mortali corpore quae sunt,
infinita aetas consumpse ante acta diesque.
quod si in eo spatio atque ante acta aetate fuere
e quibus haec rerum consistit summa refecta,   235
inmortali sunt natura praedita certe.
haud igitur possunt ad nilum quaeque reverti.
Denique res omnis eadem vis causaque volgo
conficeret, nisi materies aeterna teneret,
inter se nexus minus aut magis indupedita;   240
tactus enim leti satis esset causa profecto,
quippe ubi nulla forent aeterno corpore, quorum
contextum vis deberet dissolvere quaeque.
at nunc, inter se quia nexus principiorum
dissimiles constant aeternaque materies est,   245
incolumi remanent res corpore, dum satis acris
vis obeat pro textura cuiusque reperta.
haud igitur redit ad nihilum res ulla, sed omnes
discidio redeunt in corpora materiai.
postremo pereunt imbres, ubi eos pater aether   250
in gremium matris terrai praecipitavit;
at nitidae surgunt fruges ramique virescunt
arboribus, crescunt ipsae fetuque gravantur.
hinc alitur porro nostrum genus atque ferarum,

hinc laetas urbes pueris florere videmus 255
frondiferasque novis avibus canere undique silvas,
hinc fessae pecudes pinguis per pabula laeta
corpora deponunt et candens lacteus umor
uberibus manat distentis, hinc nova proles
artubus infirmis teneras lasciva per herbas 260
ludit lacte mero mentes perculsa novellas.
haud igitur penitus pereunt quaecumque videntur,
quando alit ex alio reficit natura nec ullam
rem gigni patitur nisi morte adiuta aliena.
Nunc age, res quoniam docui non posse creari 265
de nihilo neque item genitas ad nil revocari,
ne qua forte tamen coeptes diffidere dictis,
quod nequeunt oculis rerum primordia cerni,
accipe praeterea quae corpora tute necessest
confiteare esse in rebus nec posse videri. 270
Principio venti vis verberat incita corpus
ingentisque ruit navis et nubila differt,
inter dum rapido percurrens turbine campos
arboribus magnis sternit montisque supremos
silvifragis vexat flabris: ita perfurit acri 275
cum fremitu saevitque minaci murmure pontus.
sunt igitur venti ni mirum corpora caeca,
quae mare, quae terras, quae denique nubila caeli
verrunt ac subito vexantia turbine raptant,
nec ratione fluunt alia stragemque propagant 280
et cum mollis aquae fertur natura repente
flumine abundanti, quam largis imbribus auget
montibus ex altis magnus decursus aquai
fragmina coniciens silvarum arbustaque tota,
nec validi possunt pontes venientis aquai 285
vim subitam tolerare: ita magno turbidus imbri
molibus incurrit validis cum viribus amnis,
dat sonitu magno stragem volvitque sub undis
grandia saxa, ruit qua quidquid fluctibus obstat.
sic igitur debent venti quoque flamina ferri, 290
quae vel uti validum cum flumen procubuere
quam libet in partem, trudunt res ante ruuntque

impetibus crebris, inter dum vertice torto
corripiunt rapidique rotanti turbine portant.
quare etiam atque etiam sunt venti corpora caeca,   295
quandoquidem factis et moribus aemula magnis
amnibus inveniuntur, aperto corpore qui sunt.
Tum porro varios rerum sentimus odores
nec tamen ad naris venientis cernimus umquam
nec calidos aestus tuimur nec frigora quimus   300
usurpare oculis nec voces cernere suemus;
quae tamen omnia corporea constare necessest
natura, quoniam sensus inpellere possunt;
tangere enim et tangi, nisi corpus, nulla potest res.
Denique fluctifrago suspensae in litore vestis   305
uvescunt, eaedem dispansae in sole serescunt.
at neque quo pacto persederit umor aquai
visumst nec rursum quo pacto fugerit aestu.
in parvas igitur partis dispergitur umor,
quas oculi nulla possunt ratione videre.   310
quin etiam multis solis redeuntibus annis
anulus in digito subter tenuatur habendo,
stilicidi casus lapidem cavat, uncus aratri
ferreus occulte decrescit vomer in arvis,
strataque iam volgi pedibus detrita viarum   315
saxea conspicimus; tum portas propter aena
signa manus dextras ostendunt adtenuari
saepe salutantum tactu praeterque meantum.
haec igitur minui, cum sint detrita, videmus.
sed quae corpora decedant in tempore quoque,   320
invida praeclusit speciem natura videndi.
Postremo quae cumque dies naturaque rebus
paulatim tribuit moderatim crescere cogens,
nulla potest oculorum acies contenta tueri,
nec porro quae cumque aevo macieque senescunt,   325
nec, mare quae impendent, vesco sale saxa peresa
quid quoque amittant in tempore cernere possis.
corporibus caecis igitur natura gerit res.
Nec tamen undique corporea stipata tenentur
omnia natura; namque est in rebus inane.   330

quod tibi cognosse in multis erit utile rebus
nec sinet errantem dubitare et quaerere semper
de summa rerum et nostris diffidere dictis.
qua propter locus est intactus inane vacansque.
quod si non esset, nulla ratione moveri   335
res possent; namque officium quod corporis exstat,
officere atque obstare, id in omni tempore adesset
omnibus; haud igitur quicquam procedere posset,
principium quoniam cedendi nulla daret res.
at nunc per maria ac terras sublimaque caeli   340
multa modis multis varia ratione moveri
cernimus ante oculos, quae, si non esset inane,
non tam sollicito motu privata carerent
quam genita omnino nulla ratione fuissent,
undique materies quoniam stipata quiesset.   345
Praeterea quamvis solidae res esse putentur,
hinc tamen esse licet raro cum corpore cernas.
in saxis ac speluncis permanat aquarum
liquidus umor et uberibus flent omnia guttis.
dissipat in corpus sese cibus omne animantum;   350
crescunt arbusta et fetus in tempore fundunt,
quod cibus in totas usque ab radicibus imis
per truncos ac per ramos diffunditur omnis.
inter saepta meant voces et clausa domorum
transvolitant, rigidum permanat frigus ad ossa.   355
quod nisi inania sint, qua possent corpora quaeque
transire, haud ulla fieri ratione videres.
Denique cur alias aliis praestare videmus
pondere res rebus nihilo maiore figura?
nam si tantundemst in lanae glomere quantum   360
corporis in plumbo est, tantundem pendere par est,
corporis officiumst quoniam premere omnia deorsum,
contra autem natura manet sine pondere inanis.
ergo quod magnumst aeque leviusque videtur,
ni mirum plus esse sibi declarat inanis;   365
at contra gravius plus in se corporis esse
dedicat et multo vacui minus intus habere.
est igitur ni mirum id quod ratione sagaci

quaerimus, admixtum rebus, quod inane vocamus.
Illud in his rebus ne te deducere vero   370
possit, quod quidam fingunt, praecurrere cogor.
cedere squamigeris latices nitentibus aiunt
et liquidas aperire vias, quia post loca pisces
linquant, quo possint cedentes confluere undae;
sic alias quoque res inter se posse moveri   375
et mutare locum, quamvis sint omnia plena.
scilicet id falsa totum ratione receptumst.
nam quo squamigeri poterunt procedere tandem,
ni spatium dederint latices? concedere porro
quo poterunt undae, cum pisces ire nequibunt?   380
aut igitur motu privandumst corpora quaeque
aut esse admixtum dicundumst rebus inane,
unde initum primum capiat res quaeque movendi.
Postremo duo de concursu corpora lata
si cita dissiliant, nempe aer omne necessest,   385
inter corpora quod fiat, possidat inane.
is porro quamvis circum celerantibus auris
confluat, haud poterit tamen uno tempore totum
compleri spatium; nam primum quemque necessest
occupet ille locum, deinde omnia possideantur.   390
quod si forte aliquis, cum corpora dissiluere,
tum putat id fieri quia se condenseat aer,
errat; nam vacuum tum fit quod non fuit ante
et repletur item vacuum quod constitit ante,
nec tali ratione potest denserier aer   395
nec, si iam posset, sine inani posset, opinor,
ipse in se trahere et partis conducere in unum.
Qua propter, quamvis causando multa moreris,
esse in rebus inane tamen fateare necessest.
multaque praeterea tibi possum commemorando   400
argumenta fidem dictis conradere nostris.
verum animo satis haec vestigia parva sagaci
sunt, per quae possis cognoscere cetera tute.
namque canes ut montivagae persaepe ferai
naribus inveniunt intectas fronde quietes,   405
cum semel institerunt vestigia certa viai,

sic alid ex alio per te tute ipse videre
talibus in rebus poteris caecasque latebras
insinuare omnis et verum protrahere inde.
quod si pigraris paulumve recesseris ab re,   410
hoc tibi de plano possum promittere, Memmi:
usque adeo largos haustus e fontibus magnis
lingua meo suavis diti de pectore fundet,
ut verear ne tarda prius per membra senectus
serpat et in nobis vitai claustra resolvat,   415
quam tibi de quavis una re versibus omnis
argumentorum sit copia missa per auris.
Sed nunc ut repetam coeptum pertexere dictis,
omnis ut est igitur per se natura duabus
constitit in rebus; nam corpora sunt et inane,   420
haec in quo sita sunt et qua diversa moventur.
corpus enim per se communis dedicat esse
sensus; cui nisi prima fides fundata valebit,
haut erit occultis de rebus quo referentes
confirmare animi quicquam ratione queamus.   425
tum porro locus ac spatium, quod inane vocamus,
si nullum foret, haut usquam sita corpora possent
esse neque omnino quoquam diversa meare;
id quod iam supera tibi paulo ostendimus ante.
praeterea nihil est quod possis dicere ab omni   430
corpore seiunctum secretumque esse ab inani,
quod quasi tertia sit numero natura reperta.
nam quod cumque erit, esse aliquid debebit id ipsum
augmine vel grandi vel parvo denique, dum sit;
cui si tactus erit quamvis levis exiguusque,   435
corporis augebit numerum summamque sequetur;
sin intactile erit, nulla de parte quod ullam
rem prohibere queat per se transire meantem,
scilicet hoc id erit, vacuum quod inane vocamus.
Praeterea per se quod cumque erit, aut faciet quid   440
aut aliis fungi debebit agentibus ipsum
aut erit ut possint in eo res esse gerique.
at facere et fungi sine corpore nulla potest res
nec praebere locum porro nisi inane vacansque.

ergo praeter inane et corpora tertia per se   445
nulla potest rerum in numero natura relinqui,
nec quae sub sensus cadat ullo tempore nostros
nec ratione animi quam quisquam possit apisci.
Nam quae cumque cluent, aut his coniuncta duabus
rebus ea invenies aut horum eventa videbis.   450
coniunctum est id quod nusquam sine permitiali
discidio potis est seiungi seque gregari,
pondus uti saxis, calor ignis, liquor aquai,
tactus corporibus cunctis, intactus inani.
servitium contra paupertas divitiaeque,   455
libertas bellum concordia cetera quorum
adventu manet incolumis natura abituque,
haec soliti sumus, ut par est, eventa vocare.
tempus item per se non est, sed rebus ab ipsis
consequitur sensus, transactum quid sit in aevo,   460
tum quae res instet, quid porro deinde sequatur;
nec per se quemquam tempus sentire fatendumst
semotum ab rerum motu placidaque quiete.
denique Tyndaridem raptam belloque subactas
Troiiugenas gentis cum dicunt esse, videndumst   465
ne forte haec per se cogant nos esse fateri,
quando ea saecla hominum, quorum haec eventa fuerunt,
inrevocabilis abstulerit iam praeterita aetas;
namque aliud terris, aliud regionibus ipsis
eventum dici poterit quod cumque erit actum.   470
denique materies si rerum nulla fuisset
nec locus ac spatium, res in quo quaeque geruntur,
numquam Tyndaridis forma conflatus amore
ignis Alexandri Phrygio sub pectore gliscens
clara accendisset saevi certamina belli   475
nec clam durateus Troiianis Pergama partu
inflammasset equos nocturno Graiiugenarum;
perspicere ut possis res gestas funditus omnis
non ita uti corpus per se constare neque esse
nec ratione cluere eadem qua constet inane,   480
sed magis ut merito possis eventa vocare
corporis atque loci, res in quo quaeque gerantur.

Corpora sunt porro partim primordia rerum,
partim concilio quae constant principiorum.
sed quae sunt rerum primordia, nulla potest vis   485
stinguere; nam solido vincunt ea corpore demum.
etsi difficile esse videtur credere quicquam
in rebus solido reperiri corpore posse.
transit enim fulmen caeli per saepta domorum
clamor ut ac voces, ferrum candescit in igni   490
dissiliuntque fero ferventi saxa vapore;
cum labefactatus rigor auri solvitur aestu,
tum glacies aeris flamma devicta liquescit;
permanat calor argentum penetraleque frigus,
quando utrumque manu retinentes pocula rite   495
sensimus infuso lympharum rore superne.
usque adeo in rebus solidi nihil esse videtur.
sed quia vera tamen ratio naturaque rerum
cogit, ades, paucis dum versibus expediamus
esse ea quae solido atque aeterno corpore constent,   500
semina quae rerum primordiaque esse docemus,
unde omnis rerum nunc constet summa creata.
Principio quoniam duplex natura duarum
dissimilis rerum longe constare repertast,
corporis atque loci, res in quo quaeque geruntur,   505
esse utramque sibi per se puramque necessest.
nam qua cumque vacat spatium, quod inane vocamus,
corpus ea non est; qua porro cumque tenet se
corpus, ea vacuum nequaquam constat inane.
sunt igitur solida ac sine inani corpora prima.   510
Praeterea quoniam genitis in rebus inanest,
materiem circum solidam constare necessest;
nec res ulla potest vera ratione probari
corpore inane suo celare atque intus habere,
si non, quod cohibet, solidum constare relinquas.   515
id porro nihil esse potest nisi materiai
concilium, quod inane queat rerum cohibere.
materies igitur, solido quae corpore constat,
esse aeterna potest, cum cetera dissoluantur.
Tum porro si nil esset quod inane vocaret,   520

omne foret solidum; nisi contra corpora certa
essent quae loca complerent quae cumque tenerent
omne quod est spatium, vacuum constaret inane.
alternis igitur ni mirum corpus inani
distinctum, quoniam nec plenum naviter extat   525
nec porro vacuum; sunt ergo corpora certa,
quae spatium pleno possint distinguere inane.
haec neque dissolui plagis extrinsecus icta
possunt nec porro penitus penetrata retexi
nec ratione queunt alia temptata labare;   530
id quod iam supra tibi paulo ostendimus ante.
nam neque conlidi sine inani posse videtur
quicquam nec frangi nec findi in bina secando
nec capere umorem neque item manabile frigus
nec penetralem ignem, quibus omnia conficiuntur.   535
et quo quaeque magis cohibet res intus inane,
tam magis his rebus penitus temptata labascit.
ergo si solida ac sine inani corpora prima
sunt ita uti docui, sint haec aeterna necessest.
Praeterea nisi materies aeterna fuisset,   540
antehac ad nihilum penitus res quaeque redissent
de nihiloque renata forent quae cumque videmus.
at quoniam supra docui nil posse creari
de nihilo neque quod genitumst ad nil revocari,
esse inmortali primordia corpore debent,   545
dissolui quo quaeque supremo tempore possint,
materies ut subpeditet rebus reparandis.
sunt igitur solida primordia simplicitate
nec ratione queunt alia servata per aevom
ex infinito iam tempore res reparare.   550
denique si nullam finem natura parasset
frangendis rebus, iam corpora materiai
usque redacta forent aevo frangente priore,
ut nihil ex illis a certo tempore posset
conceptum summum aetatis pervadere finem.   555
nam quidvis citius dissolvi posse videmus
quam rursus refici; qua propter longa diei
infinita aetas ante acti temporis omnis

quod fregisset adhuc disturbans dissoluensque,
numquam relicuo reparari tempore posset.   560
at nunc ni mirum frangendi reddita finis
certa manet, quoniam refici rem quamque videmus
et finita simul generatim tempora rebus
stare, quibus possint aevi contingere florem.
Huc accedit uti, solidissima materiai   565
corpora cum constant, possint tamen omnia reddi,
mollia quae fiunt, aer aqua terra vapores,
quo pacto fiant et qua vi quaeque gerantur,
admixtum quoniam semel est in rebus inane.
at contra si mollia sint primordia rerum,   570
unde queant validi silices ferrumque creari,
non poterit ratio reddi; nam funditus omnis
principio fundamenti natura carebit.
sunt igitur solida pollentia simplicitate,
quorum condenso magis omnia conciliatu   575
artari possunt validasque ostendere viris.
porro si nullast frangendis reddita finis
corporibus, tamen ex aeterno tempore quaeque
nunc etiam superare necessest corpora rebus,
quae non dum clueant ullo temptata periclo.   580
at quoniam fragili natura praedita constant,
discrepat aeternum tempus potuisse manere
innumerabilibus plagis vexata per aevom.
Denique iam quoniam generatim reddita finis
crescendi rebus constat vitamque tenendi,   585
et quid quaeque queant per foedera naturai,
quid porro nequeant, sancitum quando quidem extat,
nec commutatur quicquam, quin omnia constant
usque adeo, variae volucres ut in ordine cunctae
ostendant maculas generalis corpore inesse,   590
inmutabilis materiae quoque corpus habere
debent ni mirum; nam si primordia rerum
commutari aliqua possent ratione revicta,
incertum quoque iam constet quid possit oriri,
quid nequeat, finita potestas denique cuique   595
qua nam sit ratione atque alte terminus haerens,

nec totiens possent generatim saecla referre
naturam mores victum motusque parentum.
Tum porro quoniam est extremum quodque cacumen
corporis illius, quod nostri cernere sensus 600
iam nequeunt, id ni mirum sine partibus extat
et minima constat natura nec fuit umquam
per se secretum neque post hac esse valebit,
alterius quoniamst ipsum pars primaque et una,
inde aliae atque aliae similes ex ordine partes 605
agmine condenso naturam corporis explent;
quae quoniam per se nequeunt constare, necessest
haerere unde queant nulla ratione revelli.
sunt igitur solida primordia simplicitate,
quae minimis stipata cohaerent partibus arte. 610
non ex illorum conventu conciliata,
sed magis aeterna pollentia simplicitate,
unde neque avelli quicquam neque deminui iam
concedit natura reservans semina rebus.
Praeterea nisi erit minimum, parvissima quaeque 615
corpora constabunt ex partibus infinitis,
quippe ubi dimidiae partis pars semper habebit
dimidiam partem nec res praefiniet ulla.
ergo rerum inter summam minimamque quod escit,
nil erit ut distet; nam quamvis funditus omnis 620
summa sit infinita, tamen, parvissima quae sunt,
ex infinitis constabunt partibus aeque.
quod quoniam ratio reclamat vera negatque
credere posse animum, victus fateare necessest
esse ea quae nullis iam praedita partibus extent 625
et minima constent natura. quae quoniam sunt,
illa quoque esse tibi solida atque aeterna fatendum.
Denique si minimas in partis cuncta resolvi
cogere consuesset rerum natura creatrix,
iam nihil ex illis eadem reparare valeret 630
propterea quia, quae nullis sunt partibus aucta,
non possunt ea quae debet genitalis habere
materies, varios conexus pondera plagas
concursus motus, per quas res quaeque geruntur.

Quapropter qui materiem rerum esse putarunt   635
ignem atque ex igni summam consistere solo,
magno opere a vera lapsi ratione videntur.
Heraclitus init quorum dux proelia primus,
clarus ob obscuram linguam magis inter inanis
quamde gravis inter Graios, qui vera requirunt;   640
omnia enim stolidi magis admirantur amantque,
inversis quae sub verbis latitantia cernunt,
veraque constituunt quae belle tangere possunt
auris et lepido quae sunt fucata sonore.
Nam cur tam variae res possent esse, requiro,   645
ex uno si sunt igni puroque creatae?
nil prodesset enim calidum denserier ignem
nec rare fieri, si partes ignis eandem
naturam quam totus habet super ignis haberent.
acrior ardor enim conductis partibus esset,   650
languidior porro disiectis disque supatis.
amplius hoc fieri nihil est quod posse rearis
talibus in causis, ne dum variantia rerum
tanta queat densis rarisque ex ignibus esse.
Id quoque: si faciant admixtum rebus inane,   655
denseri poterunt ignes rarique relinqui;
sed quia multa sibi cernunt contraria quae sint
et fugitant in rebus inane relinquere purum,
ardua dum metuunt, amittunt vera viai
nec rursum cernunt exempto rebus inane   660
omnia denseri fierique ex omnibus unum
corpus, nil ab se quod possit mittere raptim,
aestifer ignis uti lumen iacit atque vaporem,
ut videas non e stipatis partibus esse.
Quod si forte alia credunt ratione potesse   665
ignis in coetu stingui mutareque corpus,
scilicet ex nulla facere id si parte reparcent,
occidet ad nihilum ni mirum funditus ardor
omnis et e nihilo fient quae cumque creantur;
nam quod cumque suis mutatum finibus exit,   670
continuo hoc mors est illius quod fuit ante.
proinde aliquid superare necesse est incolume ollis,

ne tibi res redeant ad nilum funditus omnes
de nihiloque renata vigescat copia rerum.
Nunc igitur quoniam certissima corpora quaedam   675
sunt, quae conservant naturam semper eandem,
quorum abitu aut aditu mutatoque ordine mutant
naturam res et convertunt corpora sese,
scire licet non esse haec ignea corpora rerum.
nil referret enim quaedam decedere, abire   680
atque alia adtribui mutarique ordine quaedam,
si tamen ardoris naturam cuncta tenerent;
ignis enim foret omnimodis quod cumque crearet.
verum, ut opinor, itast: sunt quaedam corpora, quorum
concursus motus ordo positura figurae   685
efficiunt ignis mutatoque ordine mutant
naturam neque sunt igni simulata neque ulli
praeterea rei quae corpora mittere possit
sensibus et nostros adiectu tangere tactus.
dicere porro ignem res omnis esse neque ullam   690
rem veram in numero rerum constare nisi ignem,
quod facit hic idem, perdelirum esse videtur.
nam contra sensus ab sensibus ipse repugnat
et labefactat eos, unde omnia credita pendent,
unde hic cognitus est ipsi quem nominat ignem;   695
credit enim sensus ignem cognoscere vere,
cetera non credit, quae nilo clara minus sunt.
quod mihi cum vanum tum delirum esse videtur;
quo referemus enim? quid nobis certius ipsis
sensibus esse potest, qui vera ac falsa notemus?   700
Praeterea quare quisquam magis omnia tollat
et velit ardoris naturam linquere solam,
quam neget esse ignis, aliam tamen esse relinquat?
aequa videtur enim dementia dicere utrumque.
Quapropter qui materiem rerum esse putarunt   705
ignem atque ex igni summam consistere posse,
et qui principium gignundis aera rebus
constituere aut umorem qui cumque putarunt
fingere res ipsum per se terramve creare
omnia et in rerum naturas vertier omnis,   710

magno opere a vero longe derrasse videntur.
adde etiam qui conduplicant primordia rerum
aera iungentes igni terramque liquori,
et qui quattuor ex rebus posse omnia rentur
ex igni terra atque anima procrescere et imbri.   715
quorum Acragantinus cum primis Empedocles est,
insula quem triquetris terrarum gessit in oris,
quam fluitans circum magnis anfractibus aequor
Ionium glaucis aspargit virus ab undis
angustoque fretu rapidum mare dividit undis   720
Aeoliae terrarum oras a finibus eius.
hic est vasta Charybdis et hic Aetnaea minantur
murmura flammarum rursum se colligere iras,
faucibus eruptos iterum vis ut vomat ignis
ad caelumque ferat flammai fulgura rursum.   725
quae cum magna modis multis miranda videtur
gentibus humanis regio visendaque fertur
rebus opima bonis, multa munita virum vi,
nil tamen hoc habuisse viro praeclarius in se
nec sanctum magis et mirum carumque videtur.   730
carmina quin etiam divini pectoris eius
vociferantur et exponunt praeclara reperta,
ut vix humana videatur stirpe creatus.
Hic tamen et supra quos diximus inferiores
partibus egregie multis multoque minores,   735
quamquam multa bene ac divinitus invenientes
ex adyto tam quam cordis responsa dedere
sanctius et multo certa ratione magis quam
Pythia quae tripodi a Phoebi lauroque profatur,
principiis tamen in rerum fecere ruinas   740
et graviter magni magno cecidere ibi casu.
Primum quod motus exempto rebus inani
constituunt et res mollis rarasque relinquunt
aera solem ignem terras animalia frugis
nec tamen admiscent in eorum corpus inane;   745
deinde quod omnino finem non esse secandis
corporibus facient neque pausam stare fragori
nec prorsum in rebus minimum consistere quicquam,

cum videamus id extremum cuiusque cacumen
esse quod ad sensus nostros minimum esse videtur,   750
conicere ut possis ex hoc, quae cernere non quis
extremum quod habent, minimum consistere rerum.
Huc accedit item, quoniam primordia rerum
mollia constituunt, quae nos nativa videmus
esse et mortali cum corpore, funditus ut qui   755
debeat ad nihilum iam rerum summa reverti
de nihiloque renata vigescere copia rerum;
quorum utrumque quid a vero iam distet habebis.
Deinde inimica modis multis sunt atque veneno
ipsa sibi inter se; quare aut congressa peribunt   760
aut ita diffugient, ut tempestate coacta
fulmina diffugere atque imbris ventosque videmus.
Denique quattuor ex rebus si cuncta creantur
atque in eas rursum res omnia dissoluuntur,
qui magis illa queunt rerum primordia dici   765
quam contra res illorum retroque putari?
alternis gignuntur enim mutantque colorem
et totam inter se naturam tempore ab omni.
fulmina diffugere atque imbris ventosque videmus.
sin ita forte putas ignis terraeque coire   770
corpus et aerias auras roremque liquoris,
nil in concilio naturam ut mutet eorum,
nulla tibi ex illis poterit res esse creata,
non animans, non exanimo cum corpore, ut arbos;
quippe suam quicque in coetu variantis acervi   775
naturam ostendet mixtusque videbitur aer
cum terra simul et quodam cum rore manere.
at primordia gignundis in rebus oportet
naturam clandestinam caecamque adhibere,
emineat ne quid, quod contra pugnet et obstet   780
quo minus esse queat proprie quodcumque creatur.
Quin etiam repetunt a caelo atque ignibus eius
et primum faciunt ignem se vertere in auras
aeris, hinc imbrem gigni terramque creari
ex imbri retroque a terra cuncta reverti,   785
umorem primum, post aera, deinde calorem,

nec cessare haec inter se mutare, meare
a caelo ad terram, de terra ad sidera mundi.
quod facere haud ullo debent primordia pacto.
immutabile enim quiddam superare necessest,   790
ne res ad nihilum redigantur funditus omnes;
nam quod cumque suis mutatum finibus exit,
continuo hoc mors est illius quod fuit ante.
quapropter quoniam quae paulo diximus ante
in commutatum veniunt, constare necessest   795
ex aliis ea, quae nequeant convertier usquam,
ne tibi res redeant ad nilum funditus omnis;
quin potius tali natura praedita quaedam
corpora constituas, ignem si forte crearint,
posse eadem demptis paucis paucisque tributis,   800
ordine mutato et motu, facere aeris auras,
sic alias aliis rebus mutarier omnis?
'At manifesta palam res indicat' inquis 'in auras
aeris e terra res omnis crescere alique;
et nisi tempestas indulget tempore fausto   805
imbribus, ut tabe nimborum arbusta vacillent,
solque sua pro parte fovet tribuitque calorem,
crescere non possint fruges arbusta animantis.'
scilicet et nisi nos cibus aridus et tener umor
adiuvet, amisso iam corpore vita quoque omnis   810
omnibus e nervis atque ossibus exsoluatur;
adiutamur enim dubio procul atque alimur nos
certis ab rebus, certis aliae atque aliae res.
ni mirum quia multa modis communia multis
multarum rerum in rebus primordia mixta   815
sunt, ideo variis variae res rebus aluntur.
atque eadem magni refert primordia saepe
cum quibus et quali positura contineantur
et quos inter se dent motus accipiantque;
namque eadem caelum mare terras flumina solem   820
constituunt, eadem fruges arbusta animantis,
verum aliis alioque modo commixta moventur.
quin etiam passim nostris in versibus ipsis
multa elementa vides multis communia verbis,

cum tamen inter se versus ac verba necessest   825
confiteare et re et sonitu distare sonanti.
tantum elementa queunt permutato ordine solo;
at rerum quae sunt primordia, plura adhibere
possunt unde queant variae res quaeque creari.
Nunc et Anaxagorae scrutemur homoeomerian   830
quam Grai memorant nec nostra dicere lingua
concedit nobis patrii sermonis egestas,
sed tamen ipsam rem facilest exponere verbis.
principio, rerum quam dicit homoeomerian,
ossa videlicet e pauxillis atque minutis   835
ossibus hic et de pauxillis atque minutis
visceribus viscus gigni sanguenque creari
sanguinis inter se multis coeuntibus guttis
ex aurique putat micis consistere posse
aurum et de terris terram concrescere parvis,   840
ignibus ex ignis, umorem umoribus esse,
cetera consimili fingit ratione putatque.
nec tamen esse ulla de parte in rebus inane
concedit neque corporibus finem esse secandis.
quare in utraque mihi pariter ratione videtur   845
errare atque illi, supra quos diximus ante.
Adde quod inbecilla nimis primordia fingit;
si primordia sunt, simili quae praedita constant
natura atque ipsae res sunt aequeque laborant
et pereunt, neque ab exitio res ulla refrenat.   850
nam quid in oppressu valido durabit eorum,
ut mortem effugiat, leti sub dentibus ipsis?
ignis an umor an aura? quid horum? sanguen an ossa?
nil ut opinor, ubi ex aequo res funditus omnis
tam mortalis erit quam quae manifesta videmus   855
ex oculis nostris aliqua vi victa perire.
at neque reccidere ad nihilum res posse neque autem
crescere de nihilo testor res ante probatas.
Praeterea quoniam cibus auget corpus alitque,
scire licet nobis venas et sanguen et ossa   860
* * *

sive cibos omnis commixto corpore dicent

esse et habere in se nervorum corpora parva
ossaque et omnino venas partisque cruoris,
fiet uti cibus omnis et aridus et liquor ipse
ex alienigenis rebus constare putetur,   865
ossibus et nervis sanieque et sanguine mixto.
Praeterea quae cumque e terra corpora crescunt,
si sunt in terris, terram constare necessest
ex alienigenis, quae terris exoriuntur.
transfer item, totidem verbis utare licebit: 870
in lignis si flamma latet fumusque cinisque,
ex alienigenis consistant ligna necessest,
praeterea tellus quae corpora cumque alit auget
ex alienigenis, quae lignis exoriuntur.
Linquitur hic quaedam latitandi copia tenvis,   875
id quod Anaxagoras sibi sumit, ut omnibus omnis
res putet inmixtas rebus latitare, sed illud
apparere unum, cuius sint plurima mixta
et magis in promptu primaque in fronte locata.
quod tamen a vera longe ratione repulsumst;   880
conveniebat enim fruges quoque saepe, minaci
robore cum in saxi franguntur, mittere signum
sanguinis aut aliquid, nostro quae corpore aluntur.
cum lapidi in lapidem terimus, manare cruorem
consimili ratione herbis quoque saepe decebat,   885
et latices dulcis guttas similique sapore
mittere, lanigerae quali sunt ubere lactis,
scilicet et glebis terrarum saepe friatis
herbarum genera et fruges frondesque videri
dispertita inter terram latitare minute,   890
postremo in lignis cinerem fumumque videri,
cum praefracta forent, ignisque latere minutos.
quorum nil fieri quoniam manifesta docet res,
scire licet non esse in rebus res ita mixtas,
verum semina multimodis inmixta latere   895
multarum rerum in rebus communia debent.
'At saepe in magnis fit montibus' inquis 'ut altis
arboribus vicina cacumina summa terantur
inter se validis facere id cogentibus austris,

donec flammai fulserunt flore coorto.'   900
scilicet et non est lignis tamen insitus ignis,
verum semina sunt ardoris multa, terendo
quae cum confluxere, creant incendia silvis.
quod si facta foret silvis abscondita flamma,
non possent ullum tempus celarier ignes,   905
conficerent volgo silvas, arbusta cremarent.
iamne vides igitur, paulo quod diximus ante,
permagni referre eadem primordia saepe
cum quibus et quali positura contineantur
et quos inter se dent motus accipiantque,   910
atque eadem paulo inter se mutata creare
ignes et lignum? quo pacto verba quoque ipsa
inter se paulo mutatis sunt elementis,
cum ligna atque ignes distincta voce notemus.
Denique iam quae cumque in rebus cernis apertis   915
si fieri non posse putas, quin materiai
corpora consimili natura praedita fingas,
hac ratione tibi pereunt primordia rerum:
fiet uti risu tremulo concussa cachinnent
et lacrimis salsis umectent ora genasque.   920
Nunc age, quod super est, cognosce et clarius audi.
nec me animi fallit quam sint obscura; sed acri
percussit thyrso laudis spes magna meum cor
et simul incussit suavem mi in pectus amorem
Musarum, quo nunc instinctus mente vigenti   925
avia Pieridum peragro loca nullius ante
trita solo. iuvat integros accedere fontis
atque haurire iuvatque novos decerpere flores
insignemque meo capiti petere inde coronam,
unde prius nulli velarint tempora Musae;   930
primum quod magnis doceo de rebus et artis
religionum animum nodis exsolvere pergo,
deinde quod obscura de re tam lucida pango
carmina musaeo contingens cuncta lepore.
id quoque enim non ab nulla ratione videtur;   935
sed vel uti pueris absinthia taetra medentes
cum dare conantur, prius oras pocula circum

contingunt mellis dulci flavoque liquore,
ut puerorum aetas inprovida ludificetur
labrorum tenus, interea perpotet amarum   940
absinthi laticem deceptaque non capiatur,
sed potius tali facto recreata valescat,
sic ego nunc, quoniam haec ratio plerumque videtur
tristior esse quibus non est tractata, retroque
volgus abhorret ab hac, volui tibi suaviloquenti   945
carmine Pierio rationem exponere nostram
et quasi musaeo dulci contingere melle,
si tibi forte animum tali ratione tenere
versibus in nostris possem, dum perspicis omnem
naturam rerum, qua constet compta figura.   950
Sed quoniam docui solidissima materiai
corpora perpetuo volitare invicta per aevom,
nunc age, summai quaedam sit finis eorum
necne sit, evolvamus; item quod inane repertumst
seu locus ac spatium, res in quo quaeque gerantur,   955
pervideamus utrum finitum funditus omne
constet an immensum pateat vasteque profundum.
Omne quod est igitur nulla regione viarum
finitumst; namque extremum debebat habere.
extremum porro nullius posse videtur   960
esse, nisi ultra sit quod finiat, ut videatur
quo non longius haec sensus natura sequatur.
nunc extra summam quoniam nihil esse fatendum,
non habet extremum, caret ergo fine modoque.
nec refert quibus adsistas regionibus eius;   965
usque adeo, quem quisque locum possedit, in omnis
tantundem partis infinitum omne relinquit.
Praeterea si iam finitum constituatur
omne quod est spatium, si quis procurrat ad oras
ultimus extremas iaciatque volatile telum,   970
id validis utrum contortum viribus ire
quo fuerit missum mavis longeque volare,
an prohibere aliquid censes obstareque posse?
alterutrum fatearis enim sumasque necessest.
quorum utrumque tibi effugium praecludit et omne   975

cogit ut exempta concedas fine patere.
nam sive est aliquid quod probeat efficiatque
quo minus quo missum est veniat finique locet se,
sive foras fertur, non est a fine profectum.
hoc pacto sequar atque, oras ubi cumque locaris   980
extremas, quaeram: quid telo denique fiet?
fiet uti nusquam possit consistere finis
effugiumque fugae prolatet copia semper.
Praeterea spatium summai totius omne
undique si inclusum certis consisteret oris   985
finitumque foret, iam copia materiai
undique ponderibus solidis confluxet ad imum
nec res ulla geri sub caeli tegmine posset
nec foret omnino caelum neque lumina solis,
quippe ubi materies omnis cumulata iaceret   990
ex infinito iam tempore subsidendo.
at nunc ni mirum requies data principiorum
corporibus nullast, quia nil est funditus imum,
quo quasi confluere et sedes ubi ponere possint.
semper in adsiduo motu res quaeque geruntur   995
partibus in cunctis, infernaque suppeditantur
ex infinito cita corpora materiai.
Postremo ante oculos res rem finire videtur;
aer dissaepit collis atque aera montes,
terra mare et contra mare terras terminat omnis;   1000
omne quidem vero nihil est quod finiat extra.
est igitur natura loci spatiumque profundi,
quod neque clara suo percurrere fulmina cursu
perpetuo possint aevi labentia tractu
nec prorsum facere ut restet minus ire meando;   1005
usque adeo passim patet ingens copia rebus
finibus exemptis in cunctas undique partis.
Ipsa modum porro sibi rerum summa parare
ne possit, natura tenet, quae corpus inane
et quod inane autem est finiri corpore cogit,   1010
ut sic alternis infinita omnia reddat,
aut etiam alterutrum, nisi terminet alterum eorum,
simplice natura pateat tamen inmoderatum,

nec mare nec tellus neque caeli lucida templa
nec mortale genus nec divum corpora sancta   1015
exiguum possent horai sistere tempus;
nam dispulsa suo de coetu materiai
copia ferretur magnum per inane soluta,
sive adeo potius numquam concreta creasset
ullam rem, quoniam cogi disiecta nequisset.   1020
nam certe neque consilio primordia rerum
ordine se suo quaeque sagaci mente locarunt
nec quos quaeque darent motus pepigere profecto
sed quia multa modis multis mutata per omne
ex infinito vexantur percita plagis,   1025
omne genus motus et coetus experiundo
tandem deveniunt in talis disposituras,
qualibus haec rerum consistit summa creata,
et multos etiam magnos servata per annos
ut semel in motus coniectast convenientis,   1030
efficit ut largis avidum mare fluminis undis
integrent amnes et solis terra vapore
fota novet fetus summissaque gens animantum
floreat et vivant labentis aetheris ignes.
quod nullo facerent pacto, nisi materiai   1035
ex infinito suboriri copia posset,
unde amissa solent reparare in tempore quaeque.
nam vel uti privata cibo natura animantum
diffluit amittens corpus, sic omnia debent
dissolui simul ac defecit suppeditare   1040
materies aliqua ratione aversa viai.
nec plagae possunt extrinsecus undique summam
conservare omnem, quae cumque est conciliata.
cudere enim crebro possunt partemque morari,
dum veniant aliae ac suppleri summa queatur;   1045
inter dum resilire tamen coguntur et una
principiis rerum spatium tempusque fugai
largiri, ut possint a coetu libera ferri.
quare etiam atque etiam suboriri multa necessest,
et tamen ut plagae quoque possint suppetere ipsae,   1050
infinita opus est vis undique materiai.

Illud in his rebus longe fuge credere, Memmi,
in medium summae quod dicunt omnia niti
atque ideo mundi naturam stare sine ullis
ictibus externis neque quoquam posse resolvi   1055
summa atque ima, quod in medium sint omnia nixa,
ipsum si quicquam posse in se sistere credis,
et quae pondera sunt sub terris omnia sursum
nitier in terraque retro requiescere posta,
ut per aquas quae nunc rerum simulacra videmus;   1060
et simili ratione animalia suppa vagari
contendunt neque posse e terris in loca caeli
reccidere inferiora magis quam corpora nostra
sponte sua possint in caeli templa volare;
illi cum videant solem, nos sidera noctis   1065
cernere et alternis nobiscum tempora caeli
dividere et noctes parilis agitare diebus.
sed vanus stolidis haec * * *
amplexi quod habent perv * * *
nam medium nihil esse potest * * *   1070
infinita; neque omnino, si iam medium sit,
possit ibi quicquam consistere * * *
quam quavis alia longe ratione * * *
omnis enim locus ac spatium, quod inane vocamus,
per medium, per non medium, concedere debet   1075
aeque ponderibus, motus qua cumque feruntur.
nec quisquam locus est, quo corpora cum venerunt,
ponderis amissa vi possint stare in inani;
nec quod inane autem est ulli subsistere debet,
quin, sua quod natura petit, concedere pergat.   1080
haud igitur possunt tali ratione teneri
res in concilium medii cuppedine victae.
Praeterea quoniam non omnia corpora fingunt
in medium niti, sed terrarum atque liquoris
umorem ponti magnasque e montibus undas,   1086
et quasi terreno quae corpore contineantur,   1085
at contra tenuis exponunt aeris auras   1087
et calidos simul a medio differrier ignis,
atque ideo totum circum tremere aethera signis

et solis flammam per caeli caerula pasci,   1090
quod calor a medio fugiens se ibi conligat omnis,
nec prorsum arboribus summos frondescere ramos
posse, nisi a terris paulatim cuique cibatum
* * *
ne volucri ritu flammarum moenia mundi   1102
diffugiant subito magnum per inane soluta
et ne cetera consimili ratione sequantur
neve ruant caeli tonitralia templa superne   1105
terraque se pedibus raptim subducat et omnis
inter permixtas rerum caelique ruinas
corpora solventes abeat per inane profundum,
temporis ut puncto nihil extet reliquiarum
desertum praeter spatium et primordia caeca.   1110
nam qua cumque prius de parti corpora desse
constitues, haec rebus erit pars ianua leti,
hac se turba foras dabit omnis materiai.
Haec sic pernosces parva perductus opella;
namque alid ex alio clarescet nec tibi caeca   1115
nox iter eripiet, quin ultima naturai
pervideas: ita res accendent lumina rebus.

Liber Secundus

Suave, mari magno turbantibus aequora ventis
e terra magnum alterius spectare laborem;
non quia vexari quemquamst iucunda voluptas,
sed quibus ipse malis careas quia cernere suavest.
suave etiam belli certamina magna tueri   6
per campos instructa tua sine parte pericli;   5
sed nihil dulcius est, bene quam munita tenere   7
edita doctrina sapientum templa serena,
despicere unde queas alios passimque videre
errare atque viam palantis quaerere vitae,   10
certare ingenio, contendere nobilitate,
noctes atque dies niti praestante labore
ad summas emergere opes rerumque potiri.
o miseras hominum mentes, o pectora caeca!
qualibus in tenebris vitae quantisque periclis   15
degitur hoc aevi quod cumquest! nonne videre
nihil aliud sibi naturam latrare, nisi ut qui
corpore seiunctus dolor absit, mente fruatur
iucundo sensu cura semota metuque?
ergo corpoream ad naturam pauca videmus   20
esse opus omnino: quae demant cumque dolorem,
delicias quoque uti multas substernere possint
gratius inter dum, neque natura ipsa requirit,
si non aurea sunt iuvenum simulacra per aedes
lampadas igniferas manibus retinentia dextris,   25
lumina nocturnis epulis ut suppeditentur,

nec domus argento fulget auroque renidet
nec citharae reboant laqueata aurataque templa,
cum tamen inter se prostrati in gramine molli
propter aquae rivum sub ramis arboris altae   30
non magnis opibus iucunde corpora curant,
praesertim cum tempestas adridet et anni
tempora conspergunt viridantis floribus herbas.
nec calidae citius decedunt corpore febres,
textilibus si in picturis ostroque rubenti   35
iacteris, quam si in plebeia veste cubandum est.
quapropter quoniam nihil nostro in corpore gazae
proficiunt neque nobilitas nec gloria regni,
quod super est, animo quoque nil prodesse putandum;
si non forte tuas legiones per loca campi   40
fervere cum videas belli simulacra cientis,
subsidiis magnis et opum vi constabilitas,
ornatas armis stlattas pariterque animatas,
his tibi tum rebus timefactae religiones
effugiunt animo pavidae mortisque timores   45
tum vacuum pectus lincunt curaque solutum.
quod si ridicula haec ludibriaque esse videmus,
re veraque metus hominum curaeque sequaces
nec metuunt sonitus armorum nec fera tela
audacterque inter reges rerumque potentis   50
versantur neque fulgorem reverentur ab auro
nec clarum vestis splendorem purpureai,
quid dubitas quin omnis sit haec rationis potestas,
omnis cum in tenebris praesertim vita laboret?
nam vel uti pueri trepidant atque omnia caecis   55
in tenebris metuunt, sic nos in luce timemus
inter dum, nihilo quae sunt metuenda magis quam
quae pueri in tenebris pavitant finguntque futura.
hunc igitur terrorem animi tenebrasque necessest
non radii solis neque lucida tela diei   60
discutiant, sed naturae species ratioque.
Nunc age, quo motu genitalia materiai
corpora res varias gignant genitasque resolvant
et qua vi facere id cogantur quaeque sit ollis

reddita mobilitas magnum per inane meandi,   65
expediam: tu te dictis praebere memento.
nam certe non inter se stipata cohaeret
materies, quoniam minui rem quamque videmus
et quasi longinquo fluere omnia cernimus aevo
ex oculisque vetustatem subducere nostris,   70
cum tamen incolumis videatur summa manere
propterea quia, quae decedunt corpora cuique,
unde abeunt minuunt, quo venere augmine donant.
illa senescere, at haec contra florescere cogunt,
nec remorantur ibi. sic rerum summa novatur   75
semper, et inter se mortales mutua vivunt.
augescunt aliae gentes, aliae minuuntur,
inque brevi spatio mutantur saecla animantum
et quasi cursores vitai lampada tradunt.
Si cessare putas rerum primordia posse   80
cessandoque novos rerum progignere motus,
avius a vera longe ratione vagaris.
nam quoniam per inane vagantur, cuncta necessest
aut gravitate sua ferri primordia rerum
aut ictu forte alterius. nam cum cita saepe   85
obvia conflixere, fit ut diversa repente
dissiliant; neque enim mirum, durissima quae sint
ponderibus solidis neque quicquam a tergibus obstet.
et quo iactari magis omnia materiai
corpora pervideas, reminiscere totius imum   90
nil esse in summa, neque habere ubi corpora prima
consistant, quoniam spatium sine fine modoquest
inmensumque patere in cunctas undique partis
pluribus ostendi et certa ratione probatumst.
quod quoniam constat, ni mirum nulla quies est   95
reddita corporibus primis per inane profundum,
sed magis adsiduo varioque exercita motu
partim intervallis magnis confulta resultant,
pars etiam brevibus spatiis vexantur ab ictu.
et quae cumque magis condenso conciliatu   100
exiguis intervallis convecta resultant,
indupedita suis perplexis ipsa figuris,

haec validas saxi radices et fera ferri
corpora constituunt et cetera de genere horum.
paucula quae porro magnum per inane vagantur,   105
cetera dissiliunt longe longeque recursant
in magnis intervallis; haec aera rarum
sufficiunt nobis et splendida lumina solis.
multaque praeterea magnum per inane vagantur,
conciliis rerum quae sunt reiecta nec usquam   110
consociare etiam motus potuere recepta.
Cuius, uti memoro, rei simulacrum et imago
ante oculos semper nobis versatur et instat.
contemplator enim, cum solis lumina cumque
inserti fundunt radii per opaca domorum: 115
multa minuta modis multis per inane videbis
corpora misceri radiorum lumine in ipso
et vel ut aeterno certamine proelia pugnas
edere turmatim certantia nec dare pausam,
conciliis et discidiis exercita crebris;   120
conicere ut possis ex hoc, primordia rerum
quale sit in magno iactari semper inani.
dum taxat, rerum magnarum parva potest res
exemplare dare et vestigia notitiai.
Hoc etiam magis haec animum te advertere par est   125
corpora quae in solis radiis turbare videntur,
quod tales turbae motus quoque materiai
significant clandestinos caecosque subesse.
multa videbis enim plagis ibi percita caecis
commutare viam retroque repulsa reverti   130
nunc huc nunc illuc in cunctas undique partis.
scilicet hic a principiis est omnibus error.
prima moventur enim per se primordia rerum,
inde ea quae parvo sunt corpora conciliatu
et quasi proxima sunt ad viris principiorum,   135
ictibus illorum caecis inpulsa cientur,
ipsaque proporro paulo maiora lacessunt.
sic a principiis ascendit motus et exit
paulatim nostros ad sensus, ut moveantur
illa quoque, in solis quae lumine cernere quimus   140

nec quibus id faciant plagis apparet aperte.
Nunc quae mobilitas sit reddita materiai
corporibus, paucis licet hinc cognoscere, Memmi.
primum aurora novo cum spargit lumine terras
et variae volucres nemora avia pervolitantes   145
aera per tenerum liquidis loca vocibus opplent,
quam subito soleat sol ortus tempore tali
convestire sua perfundens omnia luce,
omnibus in promptu manifestumque esse videmus.
at vapor is, quem sol mittit, lumenque serenum   150
non per inane meat vacuum; quo tardius ire
cogitur, aerias quasi dum diverberat undas;
nec singillatim corpuscula quaeque vaporis
sed complexa meant inter se conque globata;
qua propter simul inter se retrahuntur et extra   155
officiuntur, uti cogantur tardius ire.
at quae sunt solida primordia simplicitate,
cum per inane meant vacuum nec res remoratur
ulla foris atque ipsa suis e partibus unum,
unum, in quem coepere, locum conixa feruntur,   160
debent ni mirum praecellere mobilitate
et multo citius ferri quam lumina solis
multiplexque loci spatium transcurrere eodem
tempore quo solis pervolgant fulgura caelum.
* * *

nec persectari primordia singula quaeque,   .
ut videant qua quicque geratur cum ratione.
At quidam contra haec, ignari materiai,
naturam non posse deum sine numine reddunt
tanto opere humanis rationibus atmoderate
tempora mutare annorum frugesque creare   170
et iam cetera, mortalis quae suadet adire
ipsaque deducit dux vitae dia voluptas
et res per Veneris blanditur saecla propagent,
ne genus occidat humanum. quorum omnia causa
constituisse deos cum fingunt, omnibus rebus   175
magno opere a vera lapsi ratione videntur.
nam quamvis rerum ignorem primordia quae sint,

hoc tamen ex ipsis caeli rationibus ausim
confirmare aliisque ex rebus reddere multis,
nequaquam nobis divinitus esse creatam   180
naturam mundi: tanta stat praedita culpa.
quae tibi posterius, Memmi, faciemus aperta;
nunc id quod super est de motibus expediemus.
Nunc locus est, ut opinor, in his illud quoque rebus
confirmare tibi, nullam rem posse sua vi   185
corpoream sursum ferri sursumque meare.
ne tibi dent in eo flammarum corpora frudem;
sursus enim versus gignuntur et augmina sumunt
et sursum nitidae fruges arbustaque crescunt,
pondera, quantum in se est, cum deorsum cuncta ferantur.   190
nec cum subsiliunt ignes ad tecta domorum
et celeri flamma degustant tigna trabesque,
sponte sua facere id sine vi subiecta putandum est.
quod genus e nostro com missus corpore sanguis
emicat exultans alte spargitque cruorem.   195
nonne vides etiam quanta vi tigna trabesque
respuat umor aquae? nam quo magis ursimus altum
derecta et magna vi multi pressimus aegre,
tam cupide sursum removet magis atque remittit,
plus ut parte foras emergant exiliantque.   200
nec tamen haec, quantum est in se, dubitamus, opinor,
quin vacuum per inane deorsum cuncta ferantur.
sic igitur debent flammae quoque posse per auras
aeris expressae sursum succedere, quamquam
pondera, quantum in se est, deorsum deducere pugnent.   205
nocturnasque faces caeli sublime volantis
nonne vides longos flammarum ducere tractus
in quas cumque dedit partis natura meatum?
non cadere in terras stellas et sidera cernis?
sol etiam caeli de vertice dissipat omnis   210
ardorem in partis et lumine conserit arva;
in terras igitur quoque solis vergitur ardor.
transversosque volare per imbris fulmina cernis,
nunc hinc nunc illinc abrupti nubibus ignes
concursant; cadit in terras vis flammea volgo.   215

Illud in his quoque te rebus cognoscere avemus,
corpora cum deorsum rectum per inane feruntur
ponderibus propriis, incerto tempore ferme
incertisque locis spatio depellere paulum,
tantum quod momen mutatum dicere possis.   220
quod nisi declinare solerent, omnia deorsum
imbris uti guttae caderent per inane profundum
nec foret offensus natus nec plaga creata
principiis; ita nihil umquam natura creasset.
Quod si forte aliquis credit graviora potesse   225
corpora, quo citius rectum per inane feruntur,
incidere ex supero levioribus atque ita plagas
gignere, quae possint genitalis reddere motus,
avius a vera longe ratione recedit.
nam per aquas quae cumque cadunt atque aera rarum,   230
haec pro ponderibus casus celerare necessest
propterea quia corpus aquae naturaque tenvis
aeris haud possunt aeque rem quamque morari,
sed citius cedunt gravioribus exsuperata;
at contra nulli de nulla parte neque ullo   235
tempore inane potest vacuum subsistere rei,
quin, sua quod natura petit, concedere pergat;
omnia qua propter debent per inane quietum
aeque ponderibus non aequis concita ferri.
haud igitur poterunt levioribus incidere umquam   240
ex supero graviora neque ictus gignere per se,
qui varient motus, per quos natura gerat res.
quare etiam atque etiam paulum inclinare necessest
corpora; nec plus quam minimum, ne fingere motus
obliquos videamur et id res vera refutet.   245
namque hoc in promptu manifestumque esse videmus,
pondera, quantum in se est, non posse obliqua meare,
ex supero cum praecipitant, quod cernere possis;
sed nihil omnino recta regione viai
declinare quis est qui possit cernere sese?   250
Denique si semper motu conectitur omnis
et vetere exoritur motus novus ordine certo
nec declinando faciunt primordia motus

principium quoddam, quod fati foedera rumpat,
ex infinito ne causam causa sequatur,   255
libera per terras unde haec animantibus exstat,
unde est haec, inquam, fatis avolsa voluntas,
per quam progredimur quo ducit quemque voluptas,
declinamus item motus nec tempore certo
nec regione loci certa, sed ubi ipsa tulit mens?   260
nam dubio procul his rebus sua cuique voluntas
principium dat et hinc motus per membra rigantur.
nonne vides etiam patefactis tempore puncto
carceribus non posse tamen prorumpere equorum
vim cupidam tam de subito quam mens avet ipsa?   265
omnis enim totum per corpus materiai
copia conciri debet, concita per artus
omnis ut studium mentis conixa sequatur;
ut videas initum motus a corde creari
ex animique voluntate id procedere primum,   270
inde dari porro per totum corpus et artus.
nec similest ut cum inpulsi procedimus ictu
viribus alterius magnis magnoque coactu;
nam tum materiem totius corporis omnem
perspicuumst nobis invitis ire rapique,   275
donec eam refrenavit per membra voluntas.
iamne vides igitur, quamquam vis extera multos
pellat et invitos cogat procedere saepe
praecipitesque rapi, tamen esse in pectore nostro
quiddam quod contra pugnare obstareque possit?   280
cuius ad arbitrium quoque copia materiai
cogitur inter dum flecti per membra per artus
et proiecta refrenatur retroque residit.
quare in seminibus quoque idem fateare necessest,
esse aliam praeter plagas et pondera causam   285
motibus, unde haec est nobis innata potestas,
de nihilo quoniam fieri nihil posse videmus.
pondus enim prohibet ne plagis omnia fiant
externa quasi vi; sed ne res ipsa necessum
intestinum habeat cunctis in rebus agendis   290
et devicta quasi cogatur ferre patique,

id facit exiguum clinamen principiorum
nec regione loci certa nec tempore certo.
Nec stipata magis fuit umquam materiai
copia nec porro maioribus intervallis;   295
nam neque adaugescit quicquam neque deperit inde.
qua propter quo nunc in motu principiorum
corpora sunt, in eodem ante acta aetate fuere
et post haec semper simili ratione ferentur,
et quae consuerint gigni gignentur eadem   300
condicione et erunt et crescent vique valebunt,
quantum cuique datum est per foedera naturai.
nec rerum summam commutare ulla potest vis;
nam neque quo possit genus ullum materiai
effugere ex omni quicquam est extra, neque in omne   305
unde coorta queat nova vis inrumpere et omnem
naturam rerum mutare et vertere motus.
Illud in his rebus non est mirabile, quare,
omnia cum rerum primordia sint in motu,
summa tamen summa videatur stare quiete,   310
praeter quam siquid proprio dat corpore motus.
omnis enim longe nostris ab sensibus infra
primorum natura iacet; qua propter, ubi ipsa
cernere iam nequeas, motus quoque surpere debent;
praesertim cum, quae possimus cernere, celent   315
saepe tamen motus spatio diducta locorum.
nam saepe in colli tondentes pabula laeta
lanigerae reptant pecudes, quo quamque vocantes
invitant herbae gemmantes rore recenti,
et satiati agni ludunt blandeque coruscant;   320
omnia quae nobis longe confusa videntur
et velut in viridi candor consistere colli.
praeterea magnae legiones cum loca cursu
camporum complent belli simulacra cientes,
fulgor ubi ad caelum se tollit totaque circum   325
aere renidescit tellus supterque virum vi
excitur pedibus sonitus clamoreque montes
icti reiectant voces ad sidera mundi
et circum volitant equites mediosque repente

tramittunt valido quatientes impete campos; 330
et tamen est quidam locus altis montibus, unde
stare videntur et in campis consistere fulgor.
Nunc age, iam deinceps cunctarum exordia rerum
qualia sint et quam longe distantia formis,
percipe, multigenis quam sint variata figuris; 335
non quo multa parum simili sint praedita forma,
sed quia non volgo paria omnibus omnia constant.
nec mirum; nam cum sit eorum copia tanta,
ut neque finis, uti docui, neque summa sit ulla,
debent ni mirum non omnibus omnia prorsum 340
esse pari filo similique adfecta figura.
Praeterea genus humanum mutaeque natantes
squamigerum pecudes et laeta armenta feraeque
et variae volucres, laetantia quae loca aquarum
concelebrant circum ripas fontisque lacusque, 345
et quae pervolgant nemora avia pervolitantes,
quorum unum quidvis generatim sumere perge;
invenies tamen inter se differre figuris.
nec ratione alia proles cognoscere matrem
nec mater posset prolem; quod posse videmus 350
nec minus atque homines inter se nota cluere.
nam saepe ante deum vitulus delubra decora
turicremas propter mactatus concidit aras
sanguinis expirans calidum de pectore flumen;
at mater viridis saltus orbata peragrans 355
novit humi pedibus vestigia pressa bisulcis,
omnia convisens oculis loca, si queat usquam
conspicere amissum fetum, completque querellis
frondiferum nemus adsistens et crebra revisit
ad stabulum desiderio perfixa iuvenci, 360
nec tenerae salices atque herbae rore vigentes
fluminaque ulla queunt summis labentia ripis
oblectare animum subitamque avertere curam,
nec vitulorum aliae species per pabula laeta
derivare queunt animum curaque levare; 365
usque adeo quiddam proprium notumque requirit.
praeterea teneri tremulis cum vocibus haedi

cornigeras norunt matres agnique petulci
balantum pecudes; ita, quod natura resposcit,
ad sua quisque fere decurrunt ubera lactis.   370
Postremo quodvis frumentum non tamen omne
quidque suo genere inter se simile esse videbis,
quin intercurrat quaedam distantia formis.
concharumque genus parili ratione videmus
pingere telluris gremium, qua mollibus undis   375
litoris incurvi bibulam pavit aequor harenam.
quare etiam atque etiam simili ratione necessest,
natura quoniam constant neque facta manu sunt
unius ad certam formam primordia rerum,
dissimili inter se quaedam volitare figura.   380
Perfacile est animi ratione exsolvere nobis
quare fulmineus multo penetralior ignis
quam noster fluat e taedis terrestribus ortus;
dicere enim possis caelestem fulminis ignem
subtilem magis e parvis constare figuris   385
atque ideo transire foramina quae nequit ignis
noster hic e lignis ortus taedaque creatus.
praeterea lumen per cornum transit, at imber
respuitur. quare, nisi luminis illa minora
corpora sunt quam de quibus est liquor almus aquarum?   390
et quamvis subito per colum vina videmus
perfluere, at contra tardum cunctatur olivom,
aut quia ni mirum maioribus est elementis
aut magis hamatis inter se perque plicatis,
atque ideo fit uti non tam diducta repente   395
inter se possint primordia singula quaeque
singula per cuiusque foramina permanare.
Huc accedit uti mellis lactisque liquores
iucundo sensu linguae tractentur in ore;
at contra taetra absinthi natura ferique   400
centauri foedo pertorquent ora sapore;
ut facile agnoscas e levibus atque rutundis
esse ea quae sensus iucunde tangere possunt,
at contra quae amara atque aspera cumque videntur,
haec magis hamatis inter se nexa teneri   405

proptereaque solere vias rescindere nostris
sensibus introituque suo perrumpere corpus.
omnia postremo bona sensibus et mala tactu
dissimili inter se pugnant perfecta figura;
ne tu forte putes serrae stridentis acerbum   410
horrorem constare elementis levibus aeque
ac musaea mele, per chordas organici quae
mobilibus digitis expergefacta figurant;
neu simili penetrare putes primordia forma
in nares hominum, cum taetra cadavera torrent,   415
et cum scena croco Cilici perfusa recens est
araque Panchaeos exhalat propter odores;
neve bonos rerum simili constare colores
semine constituas, oculos qui pascere possunt,
et qui conpungunt aciem lacrimareque cogunt   420
aut foeda specie foedi turpesque videntur.
omnis enim, sensus quae mulcet cumque, tibi res
haut sine principiali aliquo levore creatast;
at contra quae cumque molesta atque aspera constat,
non aliquo sine materiae squalore repertast.   425
Sunt etiam quae iam nec levia iure putantur
esse neque omnino flexis mucronibus unca,
sed magis angellis paulum prostantibus, ut quae
titillare magis sensus quam laedere possint,
fecula iam quo de genere est inulaeque sapores.   430
Denique iam calidos ignis gelidamque pruinam
dissimili dentata modo conpungere sensus
corporis, indicio nobis est tactus uterque.
tactus enim, tactus, pro divum numina sancta,
corporis est sensus, vel cum res extera sese   435
insinuat, vel cum laedit quae in corpore natast
aut iuvat egrediens genitalis per Veneris res,
aut ex offensu cum turbant corpore in ipso,
semina confundunt inter se concita sensum;
ut si forte manu quamvis iam corporis ipse   440
tute tibi partem ferias atque experiare.
qua propter longe formas distare necessest
principiis, varios quae possint edere sensus.

Denique quae nobis durata ac spissa videntur,
haec magis hamatis inter sese esse necessest   445
et quasi ramosis alte compacta teneri.
in quo iam genere in primis adamantina saxa
prima acie constant ictus contemnere sueta
et validi silices ac duri robora ferri
aeraque quae claustris restantia vociferantur.   450
illa quidem debent e levibus atque rutundis
esse magis, fluvido quae corpore liquida constant.
namque papaveris haustus itemst facilis quod aquarum;
nec retinentur enim inter se glomeramina quaeque
et perculsus item proclive volubilis exstat.   455
omnia postremo quae puncto tempore cernis
diffugere ut fumum nebulas flammasque, necessest,
si minus omnia sunt e levibus atque rotundis,
at non esse tamen perplexis indupedita,
pungere uti possint corpus penetrareque saxa,   460
nec tamen haerere inter se; quod cumque videmus
sensibus dentatum, facile ut cognoscere possis
non e perplexis, sed acutis esse elementis.
sed quod amara vides eadem quae fluvida constant,
sudor uti maris est, minime mirabile debet   465
* * *

nam quod fluvidus est, e levibus atque rotundis
est, sed levibus sunt hamata admixta doloris
corpora. nec tamen haec retineri hamata necessust:
scilicet esse globosa tamen, cum squalida constent,
provolvi simul ut possint et laedere sensus.   470
et quo mixta putes magis aspera levibus esse
principiis, unde est Neptuni corpus acerbum,
est ratio secernendi seorsumque videndi,
umor dulcis ubi per terras crebrius idem
percolatur, ut in foveam fluat ac mansuescat;   475
linquit enim supera taetri primordia viri,
aspera quo magis in terris haerescere possint.
Quod quoniam docui, pergam conectere rem quae
ex hoc apta fidem ducat, primordia rerum
finita variare figurarum ratione.   480

quod si non ita sit, rursum iam semina quaedam
esse infinito debebunt corporis auctu.
namque in eadem una cuiusvis iam brevitate
corporis inter se multum variare figurae
non possunt. fac enim minimis e partibus esse   485
corpora prima tribus, vel paulo pluribus auge;
nempe ubi eas partis unius corporis omnis,
summa atque ima locans, transmutans dextera laevis,
omnimodis expertus eris, quam quisque det ordo
formai speciem totius corporis eius,   490
quod super est, si forte voles variare figuras,
addendum partis alias erit. inde sequetur,
adsimili ratione alias ut postulet ordo,
si tu forte voles etiam variare figuras.
ergo formarum novitatem corporis augmen   495
subsequitur. quare non est ut credere possis
esse infinitis distantia semina formis,
ne quaedam cogas inmani maximitate
esse, supra quod iam docui non posse probari.
iam tibi barbaricae vestes Meliboeaque fulgens   500
purpura Thessalico concharum tacta colore,
aurea pavonum ridenti imbuta lepore
saecla novo rerum superata colore iacerent
et contemptus odor smyrnae mellisque sapores,
et cycnea mele Phoebeaque daedala chordis   505
carmina consimili ratione oppressa silerent;
namque aliis aliud praestantius exoreretur.
cedere item retro possent in deteriores
omnia sic partis, ut diximus in melioris;
namque aliis aliud retro quoque taetrius esset   510
naribus auribus atque oculis orisque sapori.
quae quoniam non sunt, sed rebus reddita certa
finis utrimque tenet summam, fateare necessest
materiem quoque finitis differe figuris.
denique ab ignibus ad gelidas hiemum usque pruinas   515
finitumst retroque pari ratione remensumst.
omnis enim calor ac frigus mediique tepores
interutrasque iacent explentes ordine summam.

ergo finita distant ratione creata,
ancipiti quoniam mucroni utrimque notantur,   520
hinc flammis illinc rigidis infesta pruinis.
Quod quoniam docui, pergam conectere rem quae
ex hoc apta fidem ducat, primordia rerum,
inter se simili quae sunt perfecta figura,
infinita cluere. etenim distantia cum sit   525
formarum finita, necesse est quae similes sint
esse infinitas aut summam materiai
finitam constare, id quod non esse probavi.
* * *

versibus ostendam corpuscula materiai
ex infinito summam rerum usque tenere
undique protelo plagarum continuato.
nam quod rara vides magis esse animalia quaedam
fecundamque magis naturam cernis in illis,
at regione locoque alio terrisque remotis
multa licet genere esse in eo numerumque repleri;   535
sicut quadripedum cum primis esse videmus
in genere anguimanus elephantos, India quorum
milibus e multis vallo munitur eburno,
ut penitus nequeat penetrari: tanta ferarum
vis est, quarum nos perpauca exempla videmus.   540
sed tamen id quoque uti concedam, quam lubet esto
unica res quaedem nativo corpore sola,
cui similis toto terrarum non sit, in orbi;
infinita tamen nisi erit vis materiai,
unde ea progigni possit concepta, creari   545
non poterit neque, quod super est, procrescere alique.
quippe etenim sumant alii finita per omne
corpora iactari unius genitalia rei,
unde ubi qua vi et quo pacto congressa coibunt
materiae tanto in pelago turbaque aliena?   550
non, ut opinor, habent rationem conciliandi:
sed quasi naufragiis magnis multisque coortis
disiactare solet magnum mare transtra cavernas
antemnas prorem malos tonsasque natantis,
per terrarum omnis oras fluitantia aplustra   555

ut videantur et indicium mortalibus edant,
infidi maris insidias virisque dolumque
ut vitare velint, neve ullo tempore credant,
subdola cum ridet placidi pellacia ponti,
sic tibi si finita semel primordia quaedam   560
constitues, aevom debebunt sparsa per omnem
disiectare aestus diversi materiai,
numquam in concilium ut possint compulsa coire
nec remorari in concilio nec crescere adaucta;
quorum utrumque palam fieri manifesta docet res,   565
et res progigni et genitas procrescere posse.
esse igitur genere in quovis primordia rerum
infinita palam est, unde omnia suppeditantur.
Nec superare queunt motus itaque exitiales
perpetuo neque in aeternum sepelire salutem,   570
nec porro rerum genitales auctificique
motus perpetuo possunt servare creata.
sic aequo geritur certamine principiorum
ex infinito contractum tempore bellum.
nunc hic nunc illic superant vitalia rerum   575
et superantur item. miscetur funere vagor,
quem pueri tollunt visentis luminis oras;
nec nox ulla diem neque noctem aurora secutast,
quae non audierit mixtos vagitibus aegris
ploratus, mortis comites et funeris atri.   580
Illud in his obsignatum quoque rebus habere
convenit et memori mandatum mente tenere,
nil esse, in promptu quorum natura videtur,
quod genere ex uno consistat principiorum,
nec quicquam quod non permixto semine constet.   585
et quod cumque magis vis multas possidet in se
atque potestates, ita plurima principiorum
in sese genera ac varias docet esse figuras.
Principio tellus habet in se corpora prima,
unde mare inmensum volventes frigora fontes   590
adsidue renovent, habet ignes unde oriantur;
nam multis succensa locis ardent sola terrae,
ex imis vero furit ignibus impetus Aetnae.

tum porro nitidas fruges arbustaque laeta
gentibus humanis habet unde extollere possit,   595
unde etiam fluvios frondes et pabula laeta
montivago generi possit praebere ferarum.
quare magna deum mater materque ferarum
et nostri genetrix haec dicta est corporis una.
Hanc veteres Graium docti cecinere poetae   600
sedibus in curru biiugos agitare leones,
aeris in spatio magnam pendere docentes
tellurem neque posse in terra sistere terram.
adiunxere feras, quia quamvis effera proles
officiis debet molliri victa parentum.   605
muralique caput summum cinxere corona,
eximiis munita locis quia sustinet urbes.
quo nunc insigni per magnas praedita terras
horrifice fertur divinae matris imago.
hanc variae gentes antiquo more sacrorum   610
Idaeam vocitant matrem Phrygiasque catervas
dant comites, quia primum ex illis finibus edunt
per terrarum orbes fruges coepisse creari.
Gallos attribuunt, quia, numen qui violarint
Matris et ingrati genitoribus inventi sint,   615
significare volunt indignos esse putandos,
vivam progeniem qui in oras luminis edant.
tympana tenta tonant palmis et cymbala circum
concava, raucisonoque minantur cornua cantu,
et Phrygio stimulat numero cava tibia mentis,   620
telaque praeportant, violenti signa furoris,
ingratos animos atque impia pectora volgi
conterrere metu quae possint numine divae.
ergo cum primum magnas invecta per urbis
munificat tacita mortalis muta salute,   625
aere atque argento sternunt iter omne viarum
largifica stipe ditantes ninguntque rosarum
floribus umbrantes matrem comitumque catervam.
hic armata manus, Curetas nomine Grai
quos memorant, Phrygias inter si forte catervas   630
ludunt in numerumque exultant sanguine laeti

terrificas capitum quatientes numine cristas,
Dictaeos referunt Curetas, qui Iovis illum
vagitum in Creta quondam occultasse feruntur,
cum pueri circum puerum pernice chorea   635
armat et in numerum pernice chorea
armati in numerum pulsarent aeribus aera,
ne Saturnus eum malis mandaret adeptus
aeternumque daret matri sub pectore volnus.
propterea magnam armati matrem comitantur,   640
aut quia significant divam praedicere ut armis
ac virtute velint patriam defendere terram
praesidioque parent decorique parentibus esse.
quae bene et eximie quamvis disposta ferantur,
longe sunt tamen a vera ratione repulsa.   645
omnis enim per se divom natura necessest
inmortali aevo summa cum pace fruatur
semota ab nostris rebus seiunctaque longe;
nam privata dolore omni, privata periclis,
ipsa suis pollens opibus, nihil indiga nostri,   650
nec bene promeritis capitur neque tangitur ira.
terra quidem vero caret omni tempore sensu,
et quia multarum potitur primordia rerum,
multa modis multis effert in lumina solis.
hic siquis mare Neptunum Cereremque vocare   655
constituet fruges et Bacchi nomine abuti
mavolt quam laticis proprium proferre vocamen,
concedamus ut hic terrarum dictitet orbem
esse deum matrem, dum vera re tamen ipse
religione animum turpi contingere parcat.   680
Saepe itaque ex uno tondentes gramina campo   660
lanigerae pecudes et equorum duellica proles
buceriaeque greges eodem sub tegmine caeli
ex unoque sitim sedantes flumine aquai
dissimili vivont specie retinentque parentum
naturam et mores generatim quaeque imitantur.   665
tanta est in quovis genere herbae materiai
dissimilis ratio, tanta est in flumine quoque.
Hinc porro quamvis animantem ex omnibus unam

ossa cruor venae calor umor viscera nervi
constituunt, quae sunt porro distantia longe,   670
dissimili perfecta figura principiorum.
Tum porro quae cumque igni flammata cremantur.
si nil praeterea, tamen haec in corpore tradunt,
unde ignem iacere et lumen submittere possint
scintillasque agere ac late differre favillam.   675
cetera consimili mentis ratione peragrans
invenies igitur multarum semina rerum
corpore celare et varias cohibere figuras.
Denique multa vides, quibus et color et sapor una
reddita sunt cum odore in primis pleraque poma.   681
haec igitur variis debent constare figuris;
nidor enim penetrat qua fucus non it in artus,
fucus item sorsum, sorsum sapor insinuatur
sensibus; ut noscas primis differre figuris.   685
dissimiles igitur formae glomeramen in unum
conveniunt et res permixto semine constant.
Quin etiam passim nostris in versibus ipsis
multa elementa vides multis communia verbis,
cum tamen inter se versus ac verba necesse est   690
confiteare alia ex aliis constare elementis;
non quo multa parum communis littera currat
aut nulla inter se duo sint ex omnibus isdem,
sed quia non volgo paria omnibus omnia constant.
sic aliis in rebus item communia multa   695
multarum rerum cum sint, primordia rerum
dissimili tamen inter se consistere summa
possunt; ut merito ex aliis constare feratur
humanum genus et fruges arbustaque laeta.
Nec tamen omnimodis conecti posse putandum est   700
omnia; nam volgo fieri portenta videres,
semiferas hominum species existere et altos
inter dum ramos egigni corpore vivo
multaque conecti terrestria membra marinis,
tum flammam taetro spirantis ore Chimaeras   705
pascere naturam per terras omniparentis.
quorum nil fieri manifestum est, omnia quando

seminibus certis certa genetrice creata
conservare genus crescentia posse videmus.
scilicet id certa fieri ratione necessust.   710
nam sua cuique cibis ex omnibus intus in artus
corpora discedunt conexaque convenientis
efficiunt motus; at contra aliena videmus
reicere in terras naturam, multaque caecis
corporibus fugiunt e corpore percita plagis,   715
quae neque conecti quoquam potuere neque intus
vitalis motus consentire atque imitari.
sed ne forte putes animalia sola teneri
legibus his, quaedam ratio res terminat omnis
nam vel uti tota natura dissimiles sunt   720
inter se genitae res quaeque, ita quamque necessest
dissimili constare figura principiorum;
non quo multa parum simili sint praedita forma,
sed quia non volgo paria omnibus omnia constant.
semina cum porro distent, differre necessust   725
intervalla vias conexus pondera plagas
concursus motus; quae non animalia solum
corpora seiungunt, sed terras ac mare totum
secernunt caelumque a terris omne retentant.
Nunc age dicta meo dulci quaesita labore   730
percipe, ne forte haec albis ex alba rearis
principiis esse, ante oculos quae candida cernis,
aut ea quae nigrant nigro de semine nata;
nive alium quemvis quae sunt inbuta colorem,
propterea gerere hunc credas, quod materiai   735
corpora consimili sint eius tincta colore;
nullus enim color est omnino materiai
corporibus, neque par rebus neque denique dispar.
in quae corpora si nullus tibi forte videtur
posse animi iniectus fieri, procul avius erras.   740
nam cum caecigeni, solis qui lumina numquam
dispexere, tamen cognoscant corpora tactu
ex ineunte aevo nullo coniuncta colore,
scire licet nostrae quoque menti corpora posse
vorti in notitiam nullo circum lita fuco.   745

denique nos ipsi caecis quaecumque tenebris
tangimus, haud ullo sentimus tincta colore.
Quod quoniam vinco fieri, nunc esse docebo.
omnis enim color omnino mutatur in omnis;
quod facere haud ullo debent primordia pacto;   750
immutabile enim quiddam superare necessest,
ne res ad nihilum redigantur funditus omnes;
nam quod cumque suis mutatum finibus exit,
continuo hoc mors est illius quod fuit ante.
proinde colore cave contingas semina rerum,   755
ne tibi res redeant ad nihilum funditus omnes.
Praeterea si nulla coloris principiis est
reddita natura et variis sunt praedita formis,
e quibus omnigenus gignunt variantque colores,
propterea magni quod refert, semina quaeque   760
cum quibus et quali positura contineantur
et quos inter se dent motus accipiantque,
perfacile extemplo rationem reddere possis,
cur ea quae nigro fuerint paulo ante colore,
marmoreo fieri possint candore repente,   765
ut mare, cum magni commorunt aequora venti,
vertitur in canos candenti marmore fluctus;
dicere enim possis, nigrum quod saepe videmus,
materies ubi permixta est illius et ordo
principiis mutatus et addita demptaque quaedam,   770
continuo id fieri ut candens videatur et album.
quod si caeruleis constarent aequora ponti
seminibus, nullo possent albescere pacto;
nam quo cumque modo perturbes caerula quae sint,
numquam in marmoreum possunt migrare colorem.   775
sin alio atque alio sunt semina tincta colore,
quae maris efficiunt unum purumque nitorem,
ut saepe ex aliis formis variisque figuris
efficitur quiddam quadratum unaque figura,
conveniebat, ut in quadrato cernimus esse   780
dissimiles formas, ita cernere in aequore ponti
aut alio in quovis uno puroque nitore
dissimiles longe inter se variosque colores.

praeterea nihil officiunt obstantque figurae
dissimiles, quo quadratum minus omne sit extra;   785
at varii rerum inpediunt prohibentque colores,
quo minus esse uno possit res tota nitore.
Tum porro quae ducit et inlicit ut tribuamus
principiis rerum non numquam causa colores,
occidit, ex albis quoniam non alba creantur,   790
nec quae nigra cluent de nigris, sed variis ex.
quippe etenim multo proclivius exorientur
candida de nullo quam nigro nata colore
aut alio quovis, qui contra pugnet et obstet.
Praeterea quoniam nequeunt sine luce colores   795
esse neque in lucem existunt primordia rerum,
scire licet quam sint nullo velata colore;
qualis enim caecis poterit color esse tenebris?
lumine quin ipso mutatur propterea quod
recta aut obliqua percussus luce refulget;   800
pluma columbarum quo pacto in sole videtur,
quae sita cervices circum collumque coronat;
namque alias fit uti claro sit rubra pyropo,
inter dum quodam sensu fit uti videatur
inter caeruleum viridis miscere zmaragdos.   805
caudaque pavonis, larga cum luce repleta est,
consimili mutat ratione obversa colores;
qui quoniam quodam gignuntur luminis ictu,
scire licet, sine eo fieri non posse putandum est.
Et quoniam plagae quoddam genus excipit in se   810
pupula, cum sentire colorem dicitur album,
atque aliud porro, nigrum cum et cetera sentit,
nec refert ea quae tangas quo forte colore
praedita sint, verum quali magis apta figura,
scire licet nihil principiis opus esse colore,   815
sed variis formis variantes edere tactus.
Praeterea quoniam non certis certa figuris
est natura coloris et omnia principiorum
formamenta queunt in quovis esse nitore,
cur ea quae constant ex illis non pariter sunt   820
omnigenus perfusa coloribus in genere omni?

conveniebat enim corvos quoque saepe volantis
ex albis album pinnis iactare colorem
et nigros fieri nigro de semine cycnos
aut alio quovis uno varioque colore.   825
Quin etiam quanto in partes res quaeque minutas
distrahitur magis, hoc magis est ut cernere possis
evanescere paulatim stinguique colorem;
ut fit ubi in parvas partis discerpitur austrum:
purpura poeniceusque color clarissimus multo,   830
filatim cum distractum est, disperditur omnis;
noscere ut hinc possis prius omnem efflare colorem
particulas, quam discedant ad semina rerum.
Postremo quoniam non omnia corpora vocem
mittere concedis neque odorem, propterea fit   835
ut non omnibus adtribuas sonitus et odores:
sic oculis quoniam non omnia cernere quimus,
scire licet quaedam tam constare orba colore
quam sine odore ullo quaedam sonituque remota,
nec minus haec animum cognoscere posse sagacem   840
quam quae sunt aliis rebus privata notare.
Sed ne forte putes solo spoliata colore
corpora prima manere, etiam secreta teporis
sunt ac frigoris omnino calidique vaporis,
et sonitu sterila et suco ieiuna feruntur,   845
nec iaciunt ullum proprium de corpore odorem.
sicut amaracini blandum stactaeque liquorem
et nardi florem, nectar qui naribus halat,
cum facere instituas, cum primis quaerere par est,
quod licet ac possis reperire, inolentis olivi   850
naturam, nullam quae mittat naribus auram,
quam minime ut possit mixtos in corpore odores
concoctosque suo contractans perdere viro,
propter eandem rem debent primordia rerum
non adhibere suum gignundis rebus odorem   855
nec sonitum, quoniam nihil ab se mittere possunt,
nec simili ratione saporem denique quemquam
nec frigus neque item calidum tepidumque vaporem,
cetera, quae cum ita sunt tamen ut mortalia constent,

molli lenta, fragosa putri, cava corpore raro,   860
omnia sint a principiis seiuncta necessest,
inmortalia si volumus subiungere rebus
fundamenta, quibus nitatur summa salutis;
ne tibi res redeant ad nihilum funditus omnes.
Nunc ea quae sentire videmus cumque necessest   865
ex insensilibus tamen omnia confiteare
principiis constare. neque id manufesta refutant
nec contra pugnant, in promptu cognita quae sunt,
sed magis ipsa manu ducunt et credere cogunt
ex insensilibus, quod dico, animalia gigni.   870
quippe videre licet vivos existere vermes
stercore de taetro, putorem cum sibi nacta est
intempestivis ex imbribus umida tellus.
Praeterea cunctas itidem res vertere sese.
vertunt se fluvii in frondes et pabula laeta   875
in pecudes, vertunt pecudes in corpora nostra
naturam, et nostro de corpore saepe ferarum
augescunt vires et corpora pennipotentum.
ergo omnes natura cibos in corpora viva
vertit et hinc sensus animantum procreat omnes,   880
non alia longe ratione atque arida ligna
explicat in flammas et in ignis omnia versat.
iamne vides igitur magni primordia rerum
referre in quali sint ordine quaeque locata
et commixta quibus dent motus accipiantque?   885
Tum porro, quid id est, animum quod percutit, ipsum,
quod movet et varios sensus expromere cogit,
ex insensilibus ne credas sensile gigni?
ni mirum lapides et ligna et terra quod una
mixta tamen nequeunt vitalem reddere sensum.   890
illud in his igitur rebus meminisse decebit,
non ex omnibus omnino, quaecumque creant res
sensilia, extemplo me gigni dicere sensus,
sed magni referre ea primum quantula constent,
sensile quae faciunt, et qua sint praedita forma,   895
motibus ordinibus posituris denique quae sint.
quarum nil rerum in lignis glaebisque videmus;

et tamen haec, cum sunt quasi putrefacta per imbres,
vermiculos pariunt, quia corpora materiai
antiquis ex ordinibus permota nova re   900
conciliantur ita ut debent animalia gigni.
Deinde ex sensilibus qui sensile posse creari
constituunt, porro ex aliis sentire sueti
* * *

mollia cum faciunt; nam sensus iungitur omnis
visceribus nervis venis, quae cumque videmus
mollia mortali consistere corpore creta.
sed tamen esto iam posse haec aeterna manere;
nempe tamen debent aut sensum partis habere
aut similis totis animalibus esse putari.
at nequeant per se partes sentire necesse est: 910
namque animus sensus membrorum respuit omnis,
nec manus a nobis potis est secreta neque ulla
corporis omnino sensum pars sola tenere.
linquitur ut totis animantibus adsimulentur,
vitali ut possint consentire undique sensu.   915
qui poterunt igitur rerum primordia dici
et leti vitare vias, animalia cum sint,
atque animalia sint mortalibus una eademque?
quod tamen ut possint, at coetu concilioque
nil facient praeter volgum turbamque animantum,   920
scilicet ut nequeant homines armenta feraeque
inter sese ullam rem gignere conveniundo.
sic itidem quae sentimus sentire necessest.
quod si forte suum dimittunt corpore sensum
atque alium capiunt, quid opus fuit adtribui id quod   925
detrahitur? tum praeterea, quod fudimus ante,
quatinus in pullos animalis vertier ova
cernimus alituum vermisque effervere terra,
intempestivos quam putor cepit ob imbris,
scire licet gigni posse ex non sensibus sensus.   930
Quod si forte aliquis dicet, dum taxat oriri
posse ex non sensu sensus mutabilitate,
aut aliquo tamquam partu quod proditur extra,
huic satis illud erit planum facere atque probare,

non fieri partum nisi concilio ante coacto,   935
nec quicquam commutari sine conciliatu.
Principio nequeunt ullius corporis esse
sensus ante ipsam genitam naturam animantis,
ni mirum quia materies disiecta tenetur
aere fluminibus terris terraque creatis,   940
nec congressa modo vitalis convenientes
contulit inter se motus, quibus omnituentes
accensi sensus animantem quamque tuentur.
Praeterea quamvis animantem grandior ictus,
quam patitur natura, repente adfligit et omnis   945
corporis atque animi pergit confundere sensus.
dissoluuntur enim positurae principiorum
et penitus motus vitales inpediuntur,
donec materies omnis concussa per artus
vitalis animae nodos a corpore solvit   950
dispersamque foras per caulas eiecit omnis;
nam quid praeterea facere ictum posse reamur
oblatum, nisi discutere ac dissolvere quaeque?
fit quoque uti soleant minus oblato acriter ictu
reliqui motus vitalis vincere saepe,   955
vincere et ingentis plagae sedare tumultus
inque suos quicquid rursus revocare meatus
et quasi iam leti dominantem in corpore motum
discutere ac paene amissos accendere sensus;
nam qua re potius leti iam limine ab ipso   960
ad vitam possint conlecta mente reverti,
quam quo decursum prope iam siet ire et abire?
Praeterea, quoniam dolor est, ubi materiai
corpora vi quadam per viscera viva per artus
sollicitata suis trepidant in sedibus intus,   965
inque locum quando remigrant, fit blanda voluptas,
scire licet nullo primordia posse dolore
temptari nullamque voluptatem capere ex se;
quandoquidem non sunt ex ullis principiorum
corporibus, quorum motus novitate laborent   970
aut aliquem fructum capiant dulcedinis almae.
haut igitur debent esse ullo praedita sensu.

Denique uti possint sentire animalia quaeque,
principiis si iam est sensus tribuendus eorum,
quid, genus humanum propritim de quibus auctumst?   975
scilicet et risu tremulo concussa cachinnant
et lacrimis spargunt rorantibus ora genasque
multaque de rerum mixtura dicere callent
et sibi proporro quae sint primordia quaerunt;
quando quidem totis mortalibus adsimulata   980
ipsa quoque ex aliis debent constare elementis,
inde alia ex aliis, nusquam consistere ut ausis;
quippe sequar, quod cumque loqui ridereque dices
et sapere, ex aliis eadem haec facientibus ut sit.
quod si delira haec furiosaque cernimus esse   985
et ridere potest non ex ridentibus auctus,
et sapere et doctis rationem reddere dictis
non ex seminibus sapientibus atque disertis,
qui minus esse queant ea quae sentire videmus
seminibus permixta carentibus undique sensu?   990
Denique caelesti sumus omnes semine oriundi;
omnibus ille idem pater est, unde alma liquentis
umoris guttas mater cum terra recepit,
feta parit nitidas fruges arbustaque laeta
et genus humanum, parit omnia saecla ferarum,   995
pabula cum praebet, quibus omnes corpora pascunt
et dulcem ducunt vitam prolemque propagant;
qua propter merito maternum nomen adepta est.
cedit item retro, de terra quod fuit ante,
in terras, et quod missumst ex aetheris oris,   1000
id rursum caeli rellatum templa receptant.
nec sic interemit mors res ut materiai
corpora conficiat, sed coetum dissupat ollis;
inde aliis aliud coniungit et efficit, omnis
res ut convertant formas mutentque colores   1005
et capiant sensus et puncto tempore reddant;
ut noscas referre earum primordia rerum
cum quibus et quali positura contineantur
et quos inter se dent motus accipiantque,
neve putes aeterna penes residere potesse   1010

corpora prima quod in summis fluitare videmus
rebus et interdum nasci subitoque perire.
quin etiam refert nostris in versibus ipsis
cum quibus et quali sint ordine quaeque locata;
namque eadem caelum mare terras flumina solem   1015
significant, eadem fruges arbusta animantis;
si non omnia sunt, at multo maxima pars est
consimilis; verum positura discrepitant res.
sic ipsis in rebus item iam materiai
intervalla vias conexus pondera plagas   1020
concursus motus ordo positura figurae
cum permutantur, mutari res quoque debent.
Nunc animum nobis adhibe veram ad rationem.
nam tibi vehementer nova res molitur ad auris
accedere et nova se species ostendere rerum.   1025
sed neque tam facilis res ulla est, quin ea primum
difficilis magis ad credendum constet, itemque
nil adeo magnum neque tam mirabile quicquam,
quod non paulatim minuant mirarier omnes,
principio caeli clarum purumque colorem   1030
quaeque in se cohibet, palantia sidera passim,
lunamque et solis praeclara luce nitorem;
omnia quae nunc si primum mortalibus essent
ex improviso si sint obiecta repente,
quid magis his rebus poterat mirabile dici,   1035
aut minus ante quod auderent fore credere gentes?
nil, ut opinor; ita haec species miranda fuisset.
quam tibi iam nemo fessus satiate videndi,
suspicere in caeli dignatur lucida templa.
desine qua propter novitate exterritus ipsa   1040
expuere ex animo rationem, sed magis acri
iudicio perpende, et si tibi vera videntur,
dede manus, aut, si falsum est, accingere contra.
quaerit enim rationem animus, cum summa loci sit
infinita foris haec extra moenia mundi,   1045
quid sit ibi porro, quo prospicere usque velit mens
atque animi iactus liber quo pervolet ipse.
Principio nobis in cunctas undique partis

et latere ex utroque supra supterque per omne
nulla est finis; uti docui, res ipsaque per se   1050
vociferatur, et elucet natura profundi.
nullo iam pacto veri simile esse putandumst,
undique cum vorsum spatium vacet infinitum
seminaque innumero numero summaque profunda
multimodis volitent aeterno percita motu,   1055
hunc unum terrarum orbem caelumque creatum,
nil agere illa foris tot corpora materiai;
cum praesertim hic sit natura factus et ipsa
sponte sua forte offensando semina rerum
multimodis temere in cassum frustraque coacta   1060
tandem coluerunt ea quae coniecta repente
magnarum rerum fierent exordia semper,
terrai maris et caeli generisque animantum.
quare etiam atque etiam talis fateare necesse est
esse alios alibi congressus materiai,   1065
qualis hic est, avido complexu quem tenet aether.
Praeterea cum materies est multa parata,
cum locus est praesto nec res nec causa moratur
ulla, geri debent ni mirum et confieri res.
nunc et seminibus si tanta est copia, quantam   1070
enumerare aetas animantum non queat omnis,
quis eadem natura manet, quae semina rerum
conicere in loca quaeque queat simili ratione
atque huc sunt coniecta, necesse est confiteare
esse alios aliis terrarum in partibus orbis   1075
et varias hominum gentis et saecla ferarum.
Huc accedit ut in summa res nulla sit una,
unica quae gignatur et unica solaque crescat,
quin aliquoius siet saecli permultaque eodem
sint genere. in primis animalibus indice mente   1080
invenies sic montivagum genus esse ferarum,
sic hominum geminam prolem, sic denique mutas
squamigerum pecudes et corpora cuncta volantum.
qua propter caelum simili ratione fatendumst
terramque et solem, lunam mare cetera quae sunt,   1085
non esse unica, sed numero magis innumerali;

quando quidem vitae depactus terminus alte
tam manet haec et tam nativo corpore constant
quam genus omne, quod his generatimst rebus abundans.
Quae bene cognita si teneas, natura videtur   1090
libera continuo, dominis privata superbis,
ipsa sua per se sponte omnia dis agere expers.
nam pro sancta deum tranquilla pectora pace
quae placidum degunt aevom vitamque serenam,
quis regere immensi summam, quis habere profundi   1095
indu manu validas potis est moderanter habenas,
quis pariter caelos omnis convertere et omnis
ignibus aetheriis terras suffire feracis,
omnibus inve locis esse omni tempore praesto,
nubibus ut tenebras faciat caelique serena   1100
concutiat sonitu, tum fulmina mittat et aedis
saepe suas disturbet et in deserta recedens
saeviat exercens telum, quod saepe nocentes
praeterit exanimatque indignos inque merentes?
Multaque post mundi tempus genitale diemque   1105
primigenum maris et terrae solisque coortum
addita corpora sunt extrinsecus, addita circum
semina, quae magnum iaculando contulit omne,
unde mare et terrae possent augescere et unde
appareret spatium caeli domus altaque tecta   1110
tolleret a terris procul et consurgeret aer.
nam sua cuique, locis ex omnibus, omnia plagis
corpora distribuuntur et ad sua saecla recedunt,
umor ad umorem, terreno corpore terra
crescit et ignem ignes procudunt aetheraque aether,   1115
donique ad extremum crescendi perfica finem
omnia perduxit rerum natura creatrix;
ut fit ubi nihilo iam plus est quod datur intra
vitalis venas quam quod fluit atque recedit.
omnibus hic aetas debet consistere rebus,   1120
hic natura suis refrenat viribus auctum.
nam quae cumque vides hilaro grandescere adauctu
paulatimque gradus aetatis scandere adultae,
plura sibi adsumunt quam de se corpora mittunt,

dum facile in venas cibus omnis inditur et dum   1125
non ita sunt late dispessa, ut multa remittant
et plus dispendi faciant quam vescitur aetas.
nam certe fluere atque recedere corpora rebus
multa manus dandum est; sed plura accedere debent,
donec alescendi summum tetigere cacumen.   1130
inde minutatim vires et robur adultum
frangit et in partem peiorem liquitur aetas.
quippe etenim quanto est res amplior, augmine adempto,
et quo latior est, in cunctas undique partis
plura modo dispargit et a se corpora mittit,   1135
nec facile in venas cibus omnis diditur ei
nec satis est, pro quam largos exaestuat aestus,
unde queat tantum suboriri ac subpeditare.
iure igitur pereunt, cum rarefacta fluendo
sunt et cum externis succumbunt omnia plagis,   1140
quando quidem grandi cibus aevo denique defit,
nec tuditantia rem cessant extrinsecus ullam
corpora conficere et plagis infesta domare.
Sic igitur magni quoque circum moenia mundi
expugnata dabunt labem putrisque ruinas;   1145
omnia debet enim cibus integrare novando
et fulcire cibus, cibus omnia sustentare,
ne quiquam, quoniam nec venae perpetiuntur
quod satis est, neque quantum opus est natura ministrat.
Iamque adeo fracta est aetas effetaque tellus   1150
vix animalia parva creat, quae cuncta creavit
saecla deditque ferarum ingentia corpora partu.
haud, ut opinor, enim mortalia saecla superne
aurea de caelo demisit funis in arva
nec mare nec fluctus plangentis saxa crearunt,   1155
sed genuit tellus eadem quae nunc alit ex se.
praeterea nitidas fruges vinetaque laeta
sponte sua primum mortalibus ipsa creavit,
ipsa dedit dulcis fetus et pabula laeta;
quae nunc vix nostro grandescunt aucta labore,   1160
conterimusque boves et viris agricolarum,
conficimus ferrum vix arvis suppeditati:

usque adeo parcunt fetus augentque laborem.
iamque caput quassans grandis suspirat arator
crebrius, in cassum magnos cecidisse labores,   1165
et cum tempora temporibus praesentia confert
praeteritis, laudat fortunas saepe parentis.
tristis item vetulae vitis sator atque vietae
temporis incusat momen saeclumque fatigat,
et crepat, antiquum genus ut pietate repletum   1170
perfacile angustis tolerarit finibus aevom,
cum minor esset agri multo modus ante viritim;
nec tenet omnia paulatim tabescere et ire
ad capulum spatio aetatis defessa vetusto.

Liber Tertius

E tenebris tantis tam clarum extollere lumen
qui primus potuisti inlustrans commoda vitae,
te sequor, o Graiae gentis decus, inque tuis nunc
ficta pedum pono pressis vestigia signis,
non ita certandi cupidus quam propter amorem   5
quod te imitari aveo; quid enim contendat hirundo
cycnis, aut quid nam tremulis facere artubus haedi
consimile in cursu possint et fortis equi vis?
tu, pater, es rerum inventor, tu patria nobis
suppeditas praecepta, tuisque ex, inclute, chartis,   10
floriferis ut apes in saltibus omnia libant,
omnia nos itidem depascimur aurea dicta,
aurea, perpetua semper dignissima vita.
nam simul ac ratio tua coepit vociferari
naturam rerum divina mente coorta   15
diffugiunt animi terrores, moenia mundi
discedunt. totum video per inane geri res.
apparet divum numen sedesque quietae,
quas neque concutiunt venti nec nubila nimbis
aspergunt neque nix acri concreta pruina   20
cana cadens violat semperque innubilus aether
integit et large diffuso lumine ridet:
omnia suppeditat porro natura neque ulla
res animi pacem delibat tempore in ullo.
at contra nusquam apparent Acherusia templa,   25
nec tellus obstat quin omnia dispiciantur,

sub pedibus quae cumque infra per inane geruntur.
his ibi me rebus quaedam divina voluptas
percipit atque horror, quod sic natura tua vi
tam manifesta patens ex omni parte retecta est.   30
Et quoniam docui, cunctarum exordia rerum
qualia sint et quam variis distantia formis
sponte sua volitent aeterno percita motu,
quove modo possint res ex his quaeque creari,
hasce secundum res animi natura videtur   35
atque animae claranda meis iam versibus esse
et metus ille foras praeceps Acheruntis agendus,
funditus humanam qui vitam turbat ab imo
omnia suffundens mortis nigrore neque ullam
esse voluptatem liquidam puramque relinquit.   40
nam quod saepe homines morbos magis esse timendos
infamemque ferunt vitam quam Tartara leti
et se scire animi naturam sanguinis esse,
aut etiam venti, si fert ita forte voluntas,
nec prosum quicquam nostrae rationis egere,   45
hinc licet advertas animum magis omnia laudis
iactari causa quam quod res ipsa probetur.
extorres idem patria longeque fugati
conspectu ex hominum, foedati crimine turpi,
omnibus aerumnis adfecti denique vivunt,   50
et quo cumque tamen miseri venere parentant
et nigras mactant pecudes et manibus divis
inferias mittunt multoque in rebus acerbis
acrius advertunt animos ad religionem.
quo magis in dubiis hominem spectare periclis   55
convenit adversisque in rebus noscere qui sit;
nam verae voces tum demum pectore ab imo
eliciuntur et eripitur persona amanare.
denique avarities et honorum caeca cupido,
quae miseros homines cogunt transcendere fines   60
iuris et inter dum socios scelerum atque ministros
noctes atque dies niti praestante labore
ad summas emergere opes, haec vulnera vitae
non minimam partem mortis formidine aluntur.

turpis enim ferme contemptus et acris egestas 65
semota ab dulci vita stabilique videtur
et quasi iam leti portas cunctarier ante;
unde homines dum se falso terrore coacti
effugisse volunt longe longeque remosse,
sanguine civili rem conflant divitiasque 70
conduplicant avidi, caedem caede accumulantes,
crudeles gaudent in tristi funere fratris
et consanguineum mensas odere timentque.
consimili ratione ab eodem saepe timore
macerat invidia ante oculos illum esse potentem, 75
illum aspectari, claro qui incedit honore,
ipsi se in tenebris volvi caenoque queruntur.
intereunt partim statuarum et nominis ergo.
et saepe usque adeo, mortis formidine, vitae
percipit humanos odium lucisque videndae, 80
ut sibi consciscant maerenti pectore letum
obliti fontem curarum hunc esse timorem:
hunc vexare pudorem, hunc vincula amicitiai
rumpere et in summa pietate evertere suadet:
nam iam saepe homines patriam carosque parentis 85
prodiderunt vitare Acherusia templa petentes.
nam vel uti pueri trepidant atque omnia caecis
in tenebris metuunt, sic nos in luce timemus
inter dum, nihilo quae sunt metuenda magis quam
quae pueri in tenebris pavitant finguntque futura. 90
hunc igitur terrorem animi tenebrasque necessest
non radii solis neque lucida tela diei
discutiant, sed naturae species ratioque.
Primum animum dico, mentem quem saepe vocamus,
in quo consilium vitae regimenque locatum est, 95
esse hominis partem nihilo minus ac manus et pes
atque oculei partes animantis totius extant.
*

sensum animi certa non esse in parte locatum,
verum habitum quendam vitalem corporis esse,
harmoniam Grai quam dicunt, quod faciat nos 100
vivere cum sensu, nulla cum in parte siet mens;

ut bona saepe valetudo cum dicitur esse
corporis, et non est tamen haec pars ulla valentis,
sic animi sensum non certa parte reponunt;
magno opere in quo mi diversi errare videntur.   105
Saepe itaque, in promptu corpus quod cernitur, aegret,
cum tamen ex alia laetamur parte latenti;
et retro fit ubi contra sit saepe vicissim,
cum miser ex animo laetatur corpore toto;
non alio pacto quam si, pes cum dolet aegri,   110
in nullo caput interea sit forte dolore.
Praeterea molli cum somno dedita membra
effusumque iacet sine sensu corpus honustum,
est aliud tamen in nobis quod tempore in illo
multimodis agitatur et omnis accipit in se   115
laetitiae motus et curas cordis inanis.
Nunc animam quoque ut in membris cognoscere possis
esse neque harmonia corpus sentire solere,
principio fit uti detracto corpore multo
saepe tamen nobis in membris vita moretur.   120
Atque eadem rursum, cum corpora pauca caloris
diffugere forasque per os est editus aër,
deserit extemplo venas atque ossa relinquit;
noscere ut hinc possis non aequas omnia partis
corpora habere neque ex aequo fulcire salutem,   125
sed magis haec, venti quae sunt calidique vaporis
semina, curare in membris ut vita moretur.
est igitur calor ac ventus vitalis in ipso
corpore, qui nobis moribundos deserit artus.
quapropter quoniam est animi natura reperta   130
atque animae quasi pars hominis, redde harmoniai
nomen, ad organicos alto delatum Heliconi,
sive aliunde ipsi porro traxere et in illam
transtulerunt, proprio quae tum res nomine egebat.
quidquid id est, habeant: tu cetera percipe dicta.   135
Nunc animum atque animam dico coniuncta teneri
inter se atque unam naturam conficere ex se,
sed caput esse quasi et dominari in corpore toto
consilium, quod nos animum mentemque vocamus.

idque situm media regione in pectoris haeret. 140
hic exultat enim pavor ac metus, haec loca circum
laetitiae mulcent: hic ergo mens animusquest.
cetera pars animae per totum dissita corpus
paret et ad numen mentis momenque movetur.
idque sibi solum per se sapit et sibi gaudet, 145
cum neque res animam neque corpus commovet una.
et quasi, cum caput aut oculus temptante dolore
laeditur in nobis, non omni concruciamur
corpore, sic animus nonnumquam laeditur ipse
laetitiaque viget, cum cetera pars animai 150
per membra atque artus nulla novitate cietur;
verum ubi vementi magis est commota metu mens,
consentire animam totam per membra videmus
sudoresque ita palloremque existere toto
corpore et infringi linguam vocemque aboriri, 155
caligare oculos, sonere auris, succidere artus,
denique concidere ex animi terrore videmus
saepe homines; facile ut quivis hinc noscere possit
esse animam cum animo coniunctam, quae cum animi vi
percussa est, exim corpus propellit et icit. 160
Haec eadem ratio naturam animi atque animai
corpoream docet esse; ubi enim propellere membra,
corripere ex somno corpus mutareque vultum
atque hominem totum regere ac versare videtur,
quorum nil fieri sine tactu posse videmus 165
nec tactum porro sine corpore, nonne fatendumst
corporea natura animum constare animamque?
praeterea pariter fungi cum corpore et una
consentire animum nobis in corpore cernis.
si minus offendit vitam vis horrida teli 170
ossibus ac nervis disclusis intus adacta,
at tamen insequitur languor terraeque petitus
suavis et in terra mentis qui gignitur aestus
inter dumque quasi exsurgendi incerta voluntas.
ergo corpoream naturam animi esse necessest, 175
corporeis quoniam telis ictuque laborat.
Is tibi nunc animus quali sit corpore et unde

constiterit pergam rationem reddere dictis.
principio esse aio persuptilem atque minutis
perquam corporibus factum constare. id ita esse   180
hinc licet advertas animum, ut pernoscere possis.
Nil adeo fieri celeri ratione videtur,
quam si mens fieri proponit et inchoat ipsa;
ocius ergo animus quam res se perciet ulla,
ante oculos quorum in promptu natura videtur.   185
at quod mobile tanto operest, constare rutundis
perquam seminibus debet perquamque minutis,
momine uti parvo possint inpulsa moveri.
namque movetur aqua et tantillo momine flutat,
quippe volubilibus parvisque creata figuris.   190
at contra mellis constantior est natura
et pigri latices magis et cunctantior actus:
haeret enim inter se magis omnis materiai
copia, ni mirum quia non tam levibus extat
corporibus neque tam suptilibus atque rutundis.   195
namque papaveris aura potest suspensa levisque
cogere ut ab summo tibi diffluat altus acervus,
at contra lapidum coniectum spicarumque
noenu potest. igitur parvissima corpora pro quam
et levissima sunt, ita mobilitate fruuntur;   200
at contra quae cumque magis cum pondere magno
asperaque inveniuntur, eo stabilita magis sunt.
nunc igitur quoniamst animi natura reperta
mobilis egregie, perquam constare necessest
corporibus parvis et levibus atque rutundis.   205
quae tibi cognita res in multis, o bone, rebus
utilis invenietur et opportuna cluebit.
Haec quoque res etiam naturam dedicat eius,
quam tenui constet textura quamque loco se
contineat parvo, si possit conglomerari,   210
quod simul atque hominem leti secura quies est
indepta atque animi natura animaeque recessit,
nil ibi libatum de toto corpore cernas
ad speciem, nihil ad pondus: mors omnia praestat,
vitalem praeter sensum calidumque vaporem.   215

ergo animam totam perparvis esse necessest
seminibus nexam per venas viscera nervos,
qua tenus, omnis ubi e toto iam corpore cessit,
extima membrorum circumcaesura tamen se
incolumem praestat nec defit ponderis hilum.   220
quod genus est, Bacchi cum flos evanuit aut cum
spiritus unguenti suavis diffugit in auras
aut aliquo cum iam sucus de corpore cessit;
nil oculis tamen esse minor res ipsa videtur
propterea neque detractum de pondere quicquam,   225
ni mirum quia multa minutaque semina sucos
efficiunt et odorem in toto corpore rerum.
quare etiam atque etiam mentis naturam animaeque
scire licet perquam pauxillis esse creatam
seminibus, quoniam fugiens nil ponderis aufert.   230
Nec tamen haec simplex nobis natura putanda est.
tenvis enim quaedam moribundos deserit aura
mixta vapore, vapor porro trahit aëra secum;
nec calor est quisquam, cui non sit mixtus et aër;
rara quod eius enim constat natura, necessest   235
aëris inter eum primordia multa moveri.
iam triplex animi est igitur natura reperta;
nec tamen haec sat sunt ad sensum cuncta creandum,
nil horum quoniam recipit mens posse creare
sensiferos motus, quae denique mente volutat.   240
quarta quoque his igitur quaedam natura necessest
adtribuatur; east omnino nominis expers;
qua neque mobilius quicquam neque tenvius extat
nec magis e parvis et levibus ex elementis;
sensiferos motus quae didit prima per artus.   245
prima cietur enim, parvis perfecta figuris,
inde calor motus et venti caeca potestas
accipit, inde aër, inde omnia mobilitantur:
concutitur sanguis, tum viscera persentiscunt
omnia, postremis datur ossibus atque medullis   250
sive voluptas est sive est contrarius ardor.
nec temere huc dolor usque potest penetrare neque acre
permanare malum, quin omnia perturbentur

usque adeo ut vitae desit locus atque animai
diffugiant partes per caulas corporis omnis.   255
sed plerumque fit in summo quasi corpore finis
motibus: hanc ob rem vitam retinere valemus.
Nunc ea quo pacto inter sese mixta quibusque
compta modis vigeant rationem reddere aventem
abstrahit invitum patrii sermonis egestas;   260
sed tamen, ut potero summatim attingere, tangam.
inter enim cursant primordia principiorum
motibus inter se, nihil ut secernier unum
possit nec spatio fieri divisa potestas,
sed quasi multae vis unius corporis extant.   265
quod genus in quovis animantum viscere volgo
est odor et quidam color et sapor, et tamen ex his
omnibus est unum perfectum corporis augmen,
sic calor atque aër et venti caeca potestas
mixta creant unam naturam et mobilis illa   270
vis, initum motus ab se quae dividit ollis,
sensifer unde oritur primum per viscera motus.
nam penitus prorsum latet haec natura subestque
nec magis hac infra quicquam est in corpore nostro
atque anima est animae proporro totius ipsa.   275
quod genus in nostris membris et corpore toto
mixta latens animi vis est animaeque potestas,
corporibus quia de parvis paucisque creatast,
sic tibi nominis haec expers vis, facta minutis
corporibus, latet atque animae quasi totius ipsa   280
proporrost anima et dominatur corpore toto.
consimili ratione necessest ventus et aër
et calor inter se vigeant commixta per artus
atque aliis aliud subsit magis emineatque,
ut quiddam fieri videatur ab omnibus unum,   285
ni calor ac ventus seorsum seorsumque potestas
aëris interemant sensum diductaque solvant.
est etiam calor ille animo, quem sumit, in ira
cum fervescit et ex oculis micat acrius ardor;
est et frigida multa, comes formidinis, aura,   290
quae ciet horrorem membris et concitat artus;

est etiam quoque pacati status aëris ille,
pectore tranquillo fit qui voltuque sereno.
sed calidi plus est illis quibus acria corda
iracundaque mens facile effervescit in ira,   295
quo genere in primis vis est violenta leonum,
pectora qui fremitu rumpunt plerumque gementes
nec capere irarum fluctus in pectore possunt.
at ventosa magis cervorum frigida mens est
et gelidas citius per viscera concitat auras,   300
quae tremulum faciunt membris existere motum.
at natura boum placido magis aëre vivit
nec nimis irai fax umquam subdita percit
fumida, suffundens caecae caliginis umbra,
nec gelidis torpet telis perfixa pavoris;   305
interutrasque sitast cervos saevosque leones.
sic hominum genus est: quamvis doctrina politos
constituat pariter quosdam, tamen illa relinquit
naturae cuiusque animi vestigia prima.
nec radicitus evelli mala posse putandumst,   310
quin proclivius hic iras decurrat ad acris,
ille metu citius paulo temptetur, at ille
tertius accipiat quaedam clementius aequo.
inque aliis rebus multis differre necessest
naturas hominum varias moresque sequacis;   315
quorum ego nunc nequeo caecas exponere causas
nec reperire figurarum tot nomina quot sunt
principiis, unde haec oritur variantia rerum.
illud in his rebus video firmare potesse,
usque adeo naturarum vestigia linqui   320
parvola, quae nequeat ratio depellere nobis,
ut nihil inpediat dignam dis degere vitam.
Haec igitur natura tenetur corpore ab omni
ipsaque corporis est custos et causa salutis;
nam communibus inter se radicibus haerent   325
nec sine pernicie divelli posse videntur.
quod genus e thuris glaebis evellere odorem
haud facile est, quin intereat natura quoque eius,
sic animi atque animae naturam corpore toto

extrahere haut facile est, quin omnia dissoluantur.   330
inplexis ita principiis ab origine prima
inter se fiunt consorti praedita vita,
nec sibi quaeque sine alterius vi posse videtur
corporis atque animi seorsum sentire potestas,
sed communibus inter eas conflatur utrimque   335
motibus accensus nobis per viscera sensus.
Praeterea corpus per se nec gignitur umquam
nec crescit neque post mortem durare videtur.
non enim, ut umor aquae dimittit saepe vaporem,
qui datus est, neque ea causa convellitur ipse,   340
sed manet incolumis, non, inquam, sic animai
discidium possunt artus perferre relicti,
sed penitus pereunt convulsi conque putrescunt.
ex ineunte aevo sic corporis atque animai
mutua vitalis discunt contagia motus,   345
maternis etiam membris alvoque reposta,
discidium ut nequeat fieri sine peste maloque;
ut videas, quoniam coniunctast causa salutis,
coniunctam quoque naturam consistere eorum.
Quod super est, siquis corpus sentire refutat   350
atque animam credit permixtam corpore toto
suscipere hunc motum quem sensum nominitamus,
vel manifestas res contra verasque repugnat.
quid sit enim corpus sentire quis adferet umquam,
si non ipsa palam quod res dedit ac docuit nos?   355
'at dimissa anima corpus caret undique sensu.'
perdit enim quod non proprium fuit eius in aevo
multaque praeterea perdit quom expellitur aevo.
Dicere porro oculos nullam rem cernere posse,
sed per eos animum ut foribus spectare reclusis,   360
difficilest, contra cum sensus ducat eorum;
sensus enim trahit atque acies detrudit ad ipsas,
fulgida praesertim cum cernere saepe nequimus,
lumina luminibus quia nobis praepediuntur.
quod foribus non fit; neque enim, qua cernimus ipsi,   365
ostia suscipiunt ullum reclusa laborem.
praeterea si pro foribus sunt lumina nostra,

iam magis exemptis oculis debere videtur
cernere res animus sublatis postibus ipsis.
Illud in his rebus nequaquam sumere possis,   370
Democriti quod sancta viri sententia ponit,
corporis atque animi primordia singula primis
adposita alternis, variare ac nectere membra.
nam cum multo sunt animae elementa minora
quam quibus e corpus nobis et viscera constant,   375
tum numero quoque concedunt et rara per artus
dissita sunt, dum taxat ut hoc promittere possis,
quantula prima queant nobis iniecta ciere
corpora sensiferos motus in corpore, tanta
intervalla tenere exordia prima animai.   380
nam neque pulveris inter dum sentimus adhaesum
corpore nec membris incussam sidere cretam,
nec nebulam noctu neque arani tenvia fila
obvia sentimus, quando obretimur euntes,
nec supera caput eiusdem cecidisse vietam   385
vestem nec plumas avium papposque volantis,
qui nimia levitate cadunt plerumque gravatim,
nec repentis itum cuiusvis cumque animantis
sentimus nec priva pedum vestigia quaeque,
corpore quae in nostro culices et cetera ponunt.   390
usque adeo prius est in nobis multa ciendum
quam primordia sentiscant concussa animai,
semina corporibus nostris inmixta per artus,
et quam in his intervallis tuditantia possint
concursare coire et dissultare vicissim.   395
Et magis est animus vitai claustra coërcens
et dominantior ad vitam quam vis animai.
nam sine mente animoque nequit residere per artus
temporis exiguam partem pars ulla animai,
sed comes insequitur facile et discedit in auras   400
et gelidos artus in leti frigore linquit.
at manet in vita cui mens animusque remansit,
quamvis est circum caesis lacer undique membris;
truncus adempta anima circum membrisque remota
vivit et aetherias vitalis suscipit auras;   405

si non omnimodis, at magna parte animai
privatus, tamen in vita cunctatur et haeret;
ut, lacerato oculo circum si pupula mansit
incolumis, stat cernundi vivata potestas,
dum modo ne totum corrumpas luminis orbem   410
et circum caedas aciem solamque relinquas;
id quoque enim sine pernicie non fiet eorum.
at si tantula pars oculi media illa peresa est,
occidit extemplo lumen tenebraeque secuntur,
incolumis quamvis alioqui splendidus orbis.   415
hoc anima atque animus vincti sunt foedere semper.
Nunc age, nativos animantibus et mortalis
esse animos animasque levis ut noscere possis,
conquisita diu dulcique reperta labore
digna tua pergam disponere carmina vita.   420
tu fac utrumque uno subiungas nomine eorum
atque animam verbi causa cum dicere pergam,
mortalem esse docens, animum quoque dicere credas,
qua tenus est unum inter se coniunctaque res est.
Principio quoniam tenuem constare minutis   425
corporibus docui multoque minoribus esse
principiis factam quam liquidus umor aquai
aut nebula aut fumus — nam longe mobilitate
praestat et a tenui causa magis icta movetur,
quippe ubi imaginibus fumi nebulaeque movetur;   430
quod genus in somnis sopiti ubi cernimus alte
exhalare vaporem altaria ferreque fumum;
nam procul haec dubio nobis simulacra gerunturÆ
nunc igitur quoniam quassatis undique vasis
diffluere umorem et laticem discedere cernis,   435
et nebula ac fumus quoniam discedit in auras,
crede animam quoque diffundi multoque perire
ocius et citius dissolvi in corpora prima,
cum semel ex hominis membris ablata recessit;
quippe etenim corpus, quod vas quasi constitit eius,   440
cum cohibere nequit conquassatum ex aliqua re
ac rarefactum detracto sanguine venis,
aëre qui credas posse hanc cohiberier ullo,

corpore qui nostro rarus magis incohibens sit?
Praeterea gigni pariter cum corpore et una   445
crescere sentimus pariterque senescere mentem.
nam vel ut infirmo pueri teneroque vagantur
corpore, sic animi sequitur sententia tenvis.
inde ubi robustis adolevit viribus aetas,
consilium quoque maius et auctior est animi vis.   450
post ubi iam validis quassatum est viribus aevi
corpus et obtusis ceciderunt viribus artus,
claudicat ingenium, delirat lingua labat mens,
omnia deficiunt atque uno tempore desunt.
ergo dissolui quoque convenit omnem animai   455
naturam, ceu fumus, in altas aëris auras;
quando quidem gigni pariter pariterque videmus
crescere et, ut docui, simul aevo fessa fatisci.
Huc accedit uti videamus, corpus ut ipsum
suscipere inmanis morbos durumque dolorem,   460
sic animum curas acris luctumque metumque;
quare participem leti quoque convenit esse.
quin etiam morbis in corporis avius errat
saepe animus; dementit enim deliraque fatur,
inter dumque gravi lethargo fertur in altum   465
aeternumque soporem oculis nutuque cadenti;
unde neque exaudit voces nec noscere voltus
illorum potis est, ad vitam qui revocantes
circum stant lacrimis rorantes ora genasque.
quare animum quoque dissolui fateare necessest,   470
quandoquidem penetrant in eum contagia morbi;
nam dolor ac morbus leti fabricator uterquest,
multorum exitio perdocti quod sumus ante.
et quoniam mentem sanari corpus ut aegrum
et pariter mentem sanari corpus inani   475
denique cor, hominem cum vini vis penetravit
acris et in venas discessit diditus ardor,
consequitur gravitas membrorum, praepediuntur
crura vacillanti, tardescit lingua, madet mens,
nant oculi, clamor singultus iurgia gliscunt,   480
et iam cetera de genere hoc quae cumque secuntur,

cur ea sunt, nisi quod vehemens violentia vini
conturbare animam consuevit corpore in ipso?
at quae cumque queunt conturbari inque pediri,
significant, paulo si durior insinuarit   485
causa, fore ut pereant aevo privata futuro.
Quin etiam subito vi morbi saepe coactus
ante oculos aliquis nostros, ut fulminis ictu,
concidit et spumas agit, ingemit et tremit artus,
desipit, extentat nervos, torquetur, anhelat   490
inconstanter, et in iactando membra fatigat,
ni mirum quia vis morbi distracta per artus
turbat agens animam, spumans ut in aequore salso
ventorum validis fervescunt viribus undae.
exprimitur porro gemitus, quia membra dolore   495
adficiuntur et omnino quod semina vocis
eliciuntur et ore foras glomerata feruntur
qua quasi consuerunt et sunt munita viai.
desipientia fit, quia vis animi atque animai
conturbatur et, ut docui, divisa seorsum   500
disiectatur eodem illo distracta veneno.
inde ubi iam morbi reflexit causa, reditque
in latebras acer corrupti corporis umor,
tum quasi vaccillans primum consurgit et omnis
paulatim redit in sensus animamque receptat.   505
haec igitur tantis ubi morbis corpore in ipso
iactentur miserisque modis distracta laborent,
cur eadem credis sine corpore in aëre aperto
cum validis ventis aetatem degere posse?
Et quoniam mentem sanari corpus ut aegrum   510
cernimus et flecti medicina posse videmus,
id quoque praesagit mortalem vivere mentem.
addere enim partis aut ordine traiecere aecumst
aut aliquid prosum de summa detrahere hilum,
commutare animum qui cumque adoritur et infit   515
aut aliam quamvis naturam flectere quaerit.
at neque transferri sibi partis nec tribui vult
inmortale quod est quicquam neque defluere hilum;
nam quod cumque suis mutatum finibus exit,

continuo hoc mors est illius quod fuit ante.   520
ergo animus sive aegrescit, mortalia signa
mittit, uti docui, seu flectitur a medicina.
usque adeo falsae rationi vera videtur
res occurrere et effugium praecludere eunti
ancipitique refutatu convincere falsum.   525
Denique saepe hominem paulatim cernimus ire
et membratim vitalem deperdere sensum;
in pedibus primum digitos livescere et unguis,
inde pedes et crura mori, post inde per artus
ire alios tractim gelidi vestigia leti.   530
scinditur atque animae haec quoniam natura nec uno
tempore sincera existit, mortalis habendast.
quod si forte putas ipsam se posse per artus
introsum trahere et partis conducere in unum
atque ideo cunctis sensum diducere membris,   535
at locus ille tamen, quo copia tanta animai
cogitur, in sensu debet maiore videri;
qui quoniam nusquamst, ni mirum, ut diximus ante,
dilaniata foras dispargitur, interit ergo.
quin etiam si iam libeat concedere falsum   540
et dare posse animam glomerari in corpore eorum,
lumina qui lincunt moribundi particulatim,
mortalem tamen esse animam fateare necesse
nec refert utrum pereat dispersa per auras
an contracta suis e partibus obbrutescat,   545
quando hominem totum magis ac magis undique sensus
deficit et vitae minus et minus undique restat.
Et quoniam mens est hominis pars una locoque
fixa manet certo, vel ut aures atque oculi sunt
atque alii sensus qui vitam cumque gubernant,   550
et vel uti manus atque oculus naresve seorsum
secreta ab nobis nequeunt sentire neque esse,
sed tamen in parvo lincuntur tempore tali,
sic animus per se non quit sine corpore et ipso
esse homine, illius quasi quod vas esse videtur,   555
sive aliud quid vis potius coniunctius ei
fingere, quandoquidem conexu corpus adhaeret.

Denique corporis atque animi vivata potestas
inter se coniuncta valent vitaque fruuntur;
nec sine corpore enim vitalis edere motus   560
sola potest animi per se natura nec autem
cassum anima corpus durare et sensibus uti.
scilicet avolsus radicibus ut nequit ullam
dispicere ipse oculus rem seorsum corpore toto,
sic anima atque animus per se nil posse videtur.   565
ni mirum quia per venas et viscera mixtim,
per nervos atque ossa tenentur corpore ab omni
nec magnis intervallis primordia possunt
libera dissultare, ideo conclusa moventur
sensiferos motus, quos extra corpus in auras   570
aëris haut possunt post mortem eiecta moveri
propterea quia non simili ratione tenentur;
corpus enim atque animans erit aër, si cohibere
sese anima atque in eos poterit concludere motus,
quos ante in nervis et in ipso corpore agebat.   575
quare etiam atque etiam resoluto corporis omni
tegmine et eiectis extra vitalibus auris
dissolui sensus animi fateare necessest
atque animam, quoniam coniunctast causa duobus.
Denique cum corpus nequeat perferre animai   580
discidium, quin in taetro tabescat odore,
quid dubitas quin ex imo penitusque coorta
emanarit uti fumus diffusa animae vis,
atque ideo tanta mutatum putre ruina
conciderit corpus, penitus quia mota loco sunt   585
fundamenta foras manant animaeque per artus
perque viarum omnis flexus, in corpore qui sunt,
atque foramina? multimodis ut noscere possis
dispertitam animae naturam exisse per artus
et prius esse sibi distractam corpore in ipso,   590
quam prolapsa foras enaret in aëris auras.
Quin etiam finis dum vitae vertitur intra,
saepe aliqua tamen e causa labefacta videtur
ire anima ac toto solui de corpore tota
et quasi supremo languescere tempore voltus   595

molliaque exsangui cadere omnia corpore membra.
quod genus est, animo male factum cum perhibetur
aut animam liquisse; ubi iam trepidatur et omnes
extremum cupiunt vitae reprehendere vinclum;
conquassatur enim tum mens animaeque potestas   600
omnis. et haec ipso cum corpore conlabefiunt,
ut gravior paulo possit dissolvere causa.
Quid dubitas tandem quin extra prodita corpus
inbecilla foras in aperto, tegmine dempto,
non modo non omnem possit durare per aevom,   605
sed minimum quodvis nequeat consistere tempus?
nec sibi enim quisquam moriens sentire videtur
ire foras animam incolumem de corpore toto,
nec prius ad iugulum et supera succedere fauces,
verum deficere in certa regione locatam;   610
ut sensus alios in parti quemque sua scit
dissolui. quod si inmortalis nostra foret mens,
non tam se moriens dissolvi conquereretur,
sed magis ire foras vestemque relinquere, ut anguis.
Denique cur animi numquam mens consiliumque   615
gignitur in capite aut pedibus manibusve, sed unis
sedibus et certis regionibus omnibus haeret,
si non certa loca ad nascendum reddita cuique
sunt, et ubi quicquid possit durare creatum
atque ita multimodis partitis artubus esse,   620
membrorum ut numquam existat praeposterus ordo?
usque adeo sequitur res rem, neque flamma creari
fluminibus solitast neque in igni gignier algor.
Praeterea si inmortalis natura animaist
et sentire potest secreta a corpore nostro,   625
quinque, ut opinor, eam faciundum est sensibus auctam.
nec ratione alia nosmet proponere nobis
possumus infernas animas Acherunte vagare.
pictores itaque et scriptorum saecla priora
sic animas intro duxerunt sensibus auctas.   630
at neque sorsum oculi neque nares nec manus ipsa
esse potest animae neque sorsum lingua neque aures;
haud igitur per se possunt sentire neque esse.

Et quoniam toto sentimus corpore inesse
vitalem sensum et totum esse animale videmus,   635
si subito medium celeri praeciderit ictu
vis aliqua, ut sorsum partem secernat utramque,
dispertita procul dubio quoque vis animai
et discissa simul cum corpore dissicietur.
at quod scinditur et partis discedit in ullas,   640
scilicet aeternam sibi naturam abnuit esse.
falciferos memorant currus abscidere membra
saepe ita de subito permixta caede calentis,
ut tremere in terra videatur ab artubus id quod
decidit abscisum, cum mens tamen atque hominis vis   645
mobilitate mali non quit sentire dolorem;
et simul in pugnae studio quod dedita mens est,
corpore relicuo pugnam caedesque petessit,
nec tenet amissam laevam cum tegmine saepe
inter equos abstraxe rotas falcesque rapaces,   650
nec cecidisse alius dextram, cum scandit et instat.
inde alius conatur adempto surgere crure,
cum digitos agitat propter moribundus humi pes.
et caput abscisum calido viventeque trunco
servat humi voltum vitalem oculosque patentis,   655
donec reliquias animai reddidit omnes.
quin etiam tibi si, lingua vibrante, minanti
serpentis cauda, procero corpore, utrumque
sit libitum in multas partis discidere ferro,
omnia iam sorsum cernes ancisa recenti   660
volnere tortari et terram conspargere tabo,
ipsam seque retro partem petere ore priorem,
volneris ardenti ut morsu premat icta dolore.
omnibus esse igitur totas dicemus in illis
particulis animas? at ea ratione sequetur   665
unam animantem animas habuisse in corpore multas.
ergo divisast ea quae fuit una simul cum
corpore; quapropter mortale utrumque putandumst,
in multas quoniam partis disciditur aeque.
Praeterea si inmortalis natura animai   670
constat et in corpus nascentibus insinuatur,

cur super ante actam aetatem meminisse nequimus
nec vestigia gestarum rerum ulla tenemus?
nam si tanto operest animi mutata potestas,
omnis ut actarum exciderit retinentia rerum, 675
non, ut opinor, id ab leto iam longius errat;
qua propter fateare necessest quae fuit ante
interiisse, et quae nunc est nunc esse creatam.
Praeterea si iam perfecto corpore nobis
inferri solitast animi vivata potestas 680
tum cum gignimur et vitae cum limen inimus,
haud ita conveniebat uti cum corpore et una
cum membris videatur in ipso sanguine cresse,
sed vel ut in cavea per se sibi vivere solam
convenit, ut sensu corpus tamen affluat omne. 685
quare etiam atque etiam neque originis esse putandumst
expertis animas nec leti lege solutas;
nam neque tanto opere adnecti potuisse putandumst
corporibus nostris extrinsecus insinuatas,
quod fieri totum contra manifesta docet res 690
Ænamque ita conexa est per venas viscera nervos
ossaque, uti dentes quoque sensu participentur;
morbus ut indicat et gelidai stringor aquai
et lapis oppressus subitis e frugibus asperÆ
nec, tam contextae cum sint, exire videntur 695
incolumes posse et salvas exsolvere sese
omnibus e nervis atque ossibus articulisque,
quod si forte putas extrinsecus insinuatam
permanare animam nobis per membra solere,
tanto quique magis cum corpore fusa peribit; 700
quod permanat enim, dissolvitur, interit ergo;
dispertitur enim per caulas corporis omnis.
ut cibus, in membra atque artus cum diditur omnis,
disperit atque aliam naturam sufficit ex se,
sic anima atque animus quamvis est integra recens in 705
corpus eunt, tamen in manando dissoluuntur,
dum quasi per caulas omnis diduntur in artus
particulae quibus haec animi natura creatur,
quae nunc in nostro dominatur corpore nata

ex illa quae tunc periit partita per artus.   710
quapropter neque natali privata videtur
esse die natura animae nec funeris expers.
Semina praeterea linquontur necne animai
corpore in exanimo? quod si lincuntur et insunt,
haut erit ut merito inmortalis possit haberi,   715
partibus amissis quoniam libata recessit.
sin ita sinceris membris ablata profugit,
ut nullas partis in corpore liquerit ex se,
unde cadavera rancenti iam viscere vermes
expirant atque unde animantum copia tanta   720
exos et exanguis tumidos perfluctuat artus?
quod si forte animas extrinsecus insinuari?
vermibus et privas in corpora posse venire
credis nec reputas cur milia multa animarum
conveniant unde una recesserit, hoc tamen est ut   725
quaerendum videatur et in discrimen agendum,
utrum tandem animae venentur semina quaeque
vermiculorum ipsaeque sibi fabricentur ubi sint,
an quasi corporibus perfectis insinuentur.
at neque cur faciant ipsae quareve laborent   730
dicere suppeditat. neque enim, sine corpore cum sunt,
sollicitae volitant morbis alguque fameque;
corpus enim magis his vitiis adfine laborat,
et mala multa animus contage fungitur eius.
sed tamen his esto quamvis facere utile corpus,   735
cum subeant; at qua possint via nulla videtur.
haut igitur faciunt animae sibi corpora et artus.
nec tamen est ut qui cum perfectis insinuentur
corporibus; neque enim poterunt suptiliter esse
conexae neque consensu contagia fient.   740
Denique cur acris violentia triste leonum
seminium sequitur, volpes dolus, et fuga cervos?
a patribus datur et a patrius pavor incitat artus,
et iam cetera de genere hoc cur omnia membris
ex ineunte aevo generascunt ingenioque,   745
si non, certa suo quia semine seminioque
vis animi pariter crescit cum corpore quoque?

quod si inmortalis foret et mutare soleret
corpora, permixtis animantes moribus essent,
effugeret canis Hyrcano de semine saepe   750
cornigeri incursum cervi tremeretque per auras
aëris accipiter fugiens veniente columba,
desiperent homines, saperent fera saecla ferarum.
illud enim falsa fertur ratione, quod aiunt
inmortalem animam mutato corpore flecti;   755
quod mutatur enim, dissolvitur, interit ergo;
traiciuntur enim partes atque ordine migrant;
quare dissolui quoque debent posse per artus,
denique ut intereant una cum corpore cunctae.
sin animas hominum dicent in corpora semper   760
ire humana, tamen quaeram cur e sapienti
stulta queat fieri, nec prudens sit puer ullus,
si non, certa suo quia semine seminioque
nec tam doctus equae pullus quam fortis equi vis.
scilicet in tenero tenerascere corpore mentem   765
confugient. quod si iam fit, fateare necessest
mortalem esse animam, quoniam mutata per artus
tanto opere amittit vitam sensumque priorem.
quove modo poterit pariter cum corpore quoque
confirmata cupitum aetatis tangere florem   770
vis animi, nisi erit consors in origine prima?
quidve foras sibi vult membris exire senectis?
an metuit conclusa manere in corpore putri
et domus aetatis spatio ne fessa vetusto
obruat? at non sunt immortali ulla pericla.   775
Denique conubia ad Veneris partusque ferarum
esse animas praesto deridiculum esse videtur,
expectare immortalis mortalia membra
innumero numero certareque praeproperanter
inter se quae prima potissimaque insinuetur;   780
si non forte ita sunt animarum foedera pacta,
ut quae prima volans advenerit insinuetur
prima neque inter se contendant viribus hilum.
Denique in aethere non arbor, non aequore in alto
nubes esse queunt nec pisces vivere in arvis   785

nec cruor in lignis neque saxis sucus inesse.
certum ac dispositumst ubi quicquid crescat et insit.
sic animi natura nequit sine corpore oriri
sola neque a nervis et sanguine longius esse.
quod si posset enim, multo prius ipsa animi vis   790
in capite aut umeris aut imis calcibus esse
posset et innasci quavis in parte soleret,
tandem in eodem homine atque in eodem vase manere.
quod quoniam nostro quoque constat corpore certum
dispositumque videtur ubi esse et crescere possit   795
sorsum anima atque animus, tanto magis infitiandum
totum posse extra corpus durare genique.
quare, corpus ubi interiit, periisse necessest
confiteare animam distractam in corpore toto.
quippe etenim mortale aeterno iungere et una   800
consentire putare et fungi mutua posse
desiperest; quid enim diversius esse putandumst
aut magis inter se disiunctum discrepitansque,
quam mortale quod est inmortali atque perenni
iunctum in concilio saevas tolerare procellas?   805
praeterea quaecumque manent aeterna necessest
aut quia sunt solido cum corpore respuere ictus
nec penetrare pati sibi quicquam quod queat artas
dissociare intus partis, ut materiai
corpora sunt, quorum naturam ostendimus ante,   810
aut ideo durare aetatem posse per omnem,
plagarum quia sunt expertia sicut inanest,
quod manet intactum neque ab ictu fungitur hilum,
aut etiam quia nulla loci sit copia circum,
quo quasi res possint discedere dissoluique,   815
sicut summarum summast aeterna, neque extra
quis locus est quo diffugiant neque corpora sunt quae
possint incidere et valida dissolvere plaga.
Quod si forte ideo magis inmortalis habendast,
quod vitalibus ab rebus munita tenetur,   820
aut quia non veniunt omnino aliena salutis,
aut quia quae veniunt aliqua ratione recedunt
pulsa prius quam quid noceant sentire queamus,

*

praeter enim quam quod morbis cum corporis aegret,
advenit id quod eam de rebus saepe futuris   825
macerat inque metu male habet curisque fatigat,
praeteritisque male admissis peccata remordent.
adde furorem animi proprium atque oblivia rerum,
adde quod in nigras lethargi mergitur undas.
Nil igitur mors est ad nos neque pertinet hilum,   830
quandoquidem natura animi mortalis habetur.
et vel ut ante acto nihil tempore sensimus aegri,
ad confligendum venientibus undique Poenis,
omnia cum belli trepido concussa tumultu
horrida contremuere sub altis aetheris auris,   835
in dubioque fuere utrorum ad regna cadendum
omnibus humanis esset terraque marique,
sic, ubi non erimus, cum corporis atque animai
discidium fuerit, quibus e sumus uniter apti,
scilicet haud nobis quicquam, qui non erimus tum,   840
accidere omnino poterit sensumque movere,
non si terra mari miscebitur et mare caelo.
et si iam nostro sentit de corpore postquam
distractast animi natura animaeque potestas,
nil tamen est ad nos, qui comptu coniugioque   845
corporis atque animae consistimus uniter apti.
nec, si materiem nostram collegerit aetas
post obitum rursumque redegerit ut sita nunc est,
atque iterum nobis fuerint data lumina vitae,
pertineat quicquam tamen ad nos id quoque factum,   850
interrupta semel cum sit repetentia nostri.
et nunc nil ad nos de nobis attinet, ante
qui fuimus, neque iam de illis nos adficit angor.
nam cum respicias inmensi temporis omne
praeteritum spatium, tum motus materiai   855
multimodi quam sint, facile hoc adcredere possis,
semina saepe in eodem, ut nunc sunt, ordine posta
haec eadem, quibus e nunc nos sumus, ante fuisse.
nec memori tamen id quimus reprehendere mente;
inter enim iectast vitai pausa vageque   860

deerrarunt passim motus ab sensibus omnes.
debet enim, misere si forte aegreque futurumst;
ipse quoque esse in eo tum tempore, cui male possit
accidere. id quoniam mors eximit, esseque prohibet
illum cui possint incommoda conciliari,   865
scire licet nobis nihil esse in morte timendum
nec miserum fieri qui non est posse, neque hilum
differre an nullo fuerit iam tempore natus,
mortalem vitam mors cum inmortalis ademit.
Proinde ubi se videas hominem indignarier ipsum,   870
post mortem fore ut aut putescat corpore posto
aut flammis interfiat malisve ferarum,
scire licet non sincerum sonere atque subesse
caecum aliquem cordi stimulum, quamvis neget ipse
credere se quemquam sibi sensum in morte futurum;   875
non, ut opinor, enim dat quod promittit et unde
nec radicitus e vita se tollit et eicit,
sed facit esse sui quiddam super inscius ipse.
vivus enim sibi cum proponit quisque futurum,
corpus uti volucres lacerent in morte feraeque,   880
ipse sui miseret; neque enim se dividit illim
nec removet satis a proiecto corpore et illum
se fingit sensuque suo contaminat astans.
hinc indignatur se mortalem esse creatum
nec videt in vera nullum fore morte alium se,   885
qui possit vivus sibi se lugere peremptum
stansque iacentem se lacerari urive dolere.
nam si in morte malumst malis morsuque ferarum
tractari, non invenio qui non sit acerbum
ignibus inpositum calidis torrescere flammis   890
aut in melle situm suffocari atque rigere
frigore, cum summo gelidi cubat aequore saxi,
urgerive superne obrutum pondere terrae.
'Iam iam non domus accipiet te laeta neque uxor
optima, nec dulces occurrent oscula nati   895
praeripere et tacita pectus dulcedine tangent.
non poteris factis florentibus esse tuisque
praesidium. misero misere' aiunt 'omnia ademit

una dies infesta tibi tot praemia vitae.'
illud in his rebus non addunt 'nec tibi earum
iam desiderium rerum super insidet una.'
quod bene si videant animo dictisque sequantur,
dissoluant animi magno se angore metuque.
'tu quidem ut es leto sopitus, sic eris aevi
quod super est cunctis privatus doloribus aegris;
at nos horrifico cinefactum te prope busto
insatiabiliter deflevimus, aeternumque
nulla dies nobis maerorem e pectore demet.'
illud ab hoc igitur quaerendum est, quid sit amari
tanto opere, ad somnum si res redit atque quietem,
cur quisquam aeterno possit tabescere luctu.
Hoc etiam faciunt ubi discubuere tenentque
pocula saepe homines et inumbrant ora coronis,
ex animo ut dicant: 'brevis hic est fructus homullis;
iam fuerit neque post umquam revocare licebit.'
tam quam in morte mali cum primis hoc sit eorum,
quod sitis exurat miseros atque arida torrat,
aut aliae cuius desiderium insideat rei.
nec sibi enim quisquam tum se vitamque requiret,
cum pariter mens et corpus sopita quiescunt;
nam licet aeternum per nos sic esse soporem,
nec desiderium nostri nos adficit ullum,
et tamen haud quaquam nostros tunc illa per artus
longe ab sensiferis primordia motibus errant,
cum correptus homo ex somno se colligit ipse.
multo igitur mortem minus ad nos esse putandumst,
si minus esse potest quam quod nihil esse videmus;
maior enim turbae disiectus materiai
consequitur leto nec quisquam expergitus extat,
frigida quem semel est vitai pausa secuta.
Denique si vocem rerum natura repente.
mittat et hoc alicui nostrum sic increpet ipsa:
'quid tibi tanto operest, mortalis, quod nimis aegris
luctibus indulges? quid mortem congemis ac fles?
nam si grata fuit tibi vita ante acta priorque
et non omnia pertusum congesta quasi in vas

900

905

910

915

920

925

930

935

commoda perfluxere atque ingrata interiere;
cur non ut plenus vitae conviva recedis
aequo animoque capis securam, stulte, quietem?
sin ea quae fructus cumque es periere profusa   940
vitaque in offensost, cur amplius addere quaeris,
rursum quod pereat male et ingratum occidat omne,
non potius vitae finem facis atque laboris?
nam tibi praeterea quod machiner inveniamque,
quod placeat, nihil est; eadem sunt omnia semper.   945
si tibi non annis corpus iam marcet et artus
confecti languent, eadem tamen omnia restant,
omnia si perges vivendo vincere saecla,
atque etiam potius, si numquam sis moriturus',
quid respondemus, nisi iustam intendere litem   950
naturam et veram verbis exponere causam?
grandior hic vero si iam seniorque queratur
atque obitum lamentetur miser amplius aequo,
non merito inclamet magis et voce increpet acri:
'aufer abhinc lacrimas, baratre, et compesce querellas.   955
omnia perfunctus vitai praemia marces;
sed quia semper aves quod abest, praesentia temnis,
inperfecta tibi elapsast ingrataque vita,
et nec opinanti mors ad caput adstitit ante
quam satur ac plenus possis discedere rerum.   960
nunc aliena tua tamen aetate omnia mitte
aequo animoque, age dum, magnis concede necessis?'
iure, ut opinor, agat, iure increpet inciletque;
cedit enim rerum novitate extrusa vetustas
semper, et ex aliis aliud reparare necessest.   965
Nec quisquam in baratrum nec Tartara deditur atra;
materies opus est, ut crescant postera saecla;
quae tamen omnia te vita perfuncta sequentur;
nec minus ergo ante haec quam tu cecidere cadentque.
sic alid ex alio numquam desistet oriri   970
vitaque mancipio nulli datur, omnibus usu.
respice item quam nil ad nos ante acta vetustas
temporis aeterni fuerit, quam nascimur ante.
hoc igitur speculum nobis natura futuri

temporis exponit post mortem denique nostram. 975
numquid ibi horribile apparet, num triste videtur
quicquam, non omni somno securius exstat?
Atque ea ni mirum quae cumque Acherunte profundo
prodita sunt esse, in vita sunt omnia nobis.
nec miser inpendens magnum timet aëre saxum 980
Tantalus, ut famast, cassa formidine torpens;
sed magis in vita divom metus urget inanis
mortalis casumque timent quem cuique ferat fors.
nec Tityon volucres ineunt Acherunte iacentem
nec quod sub magno scrutentur pectore quicquam 985
perpetuam aetatem possunt reperire profecto.
quam libet immani proiectu corporis exstet,
qui non sola novem dispessis iugera membris
optineat, sed qui terrai totius orbem,
non tamen aeternum poterit perferre dolorem 990
nec praebere cibum proprio de corpore semper.
sed Tityos nobis hic est, in amore iacentem
quem volucres lacerant atque exest anxius angor
aut alia quavis scindunt cuppedine curae.
Sisyphus in vita quoque nobis ante oculos est, 995
qui petere a populo fasces saevasque secures
imbibit et semper victus tristisque recedit.
nam petere imperium, quod inanest nec datur umquam,
atque in eo semper durum sufferre laborem,
hoc est adverso nixantem trudere monte 1000
saxum, quod tamen e summo iam vertice rusum
volvitur et plani raptim petit aequora campi.
deinde animi ingratam naturam pascere semper
atque explere bonis rebus satiareque numquam,
quod faciunt nobis annorum tempora, circum 1005
cum redeunt fetusque ferunt variosque lepores,
nec tamen explemur vitai fructibus umquam,
hoc, ut opinor, id est, aevo florente puellas
quod memorant laticem pertusum congerere in vas,
quod tamen expleri nulla ratione potestur. 1010
Cerberus et Furiae iam vero et lucis egestas,
Tartarus horriferos eructans faucibus aestus!

qui neque sunt usquam nec possunt esse profecto;
sed metus in vita poenarum pro male factis
est insignibus insignis scelerisque luela,   1015
carcer et horribilis de saxo iactus deorsum,
verbera carnifices robur pix lammina taedae;
quae tamen etsi absunt, at mens sibi conscia factis
praemetuens adhibet stimulos torretque flagellis,
nec videt interea qui terminus esse malorum   1020
possit nec quae sit poenarum denique finis,
atque eadem metuit magis haec ne in morte gravescant.
hic Acherusia fit stultorum denique vita.
Hoc etiam tibi tute interdum dicere possis.
'lumina sis oculis etiam bonus Ancus reliquit,   1025
qui melior multis quam tu fuit, improbe, rebus.
inde alii multi reges rerumque potentes
occiderunt, magnis qui gentibus imperitarunt.
ille quoque ipse, viam qui quondam per mare magnum
stravit iterque dedit legionibus ire per altum   1030
ac pedibus salsas docuit super ire lucunas
et contempsit equis insultans murmura ponti,
lumine adempto animam moribundo corpore fudit.
Scipiadas, belli fulmen, Carthaginis horror,
ossa dedit terrae proinde ac famul infimus esset.   1035
adde repertores doctrinarum atque leporum,
adde Heliconiadum comites; quorum unus Homerus
sceptra potitus eadem aliis sopitus quietest.
denique Democritum post quam matura vetustas
admonuit memores motus languescere mentis,   1040
sponte sua leto caput obvius optulit ipse.
ipse Epicurus obit decurso lumine vitae,
qui genus humanum ingenio superavit et omnis
restinxit stellas exortus ut aetherius sol.
tu vero dubitabis et indignabere obire?   1045
mortua cui vita est prope iam vivo atque videnti,
qui somno partem maiorem conteris aevi,
et viligans stertis nec somnia cernere cessas
sollicitamque geris cassa formidine mentem
nec reperire potes tibi quid sit saepe mali, cum   1050

ebrius urgeris multis miser undique curis
atque animo incerto fluitans errore vagaris.'
Si possent homines, proinde ac sentire videntur
pondus inesse animo, quod se gravitate fatiget,
e quibus id fiat causis quoque noscere et unde   1055
tanta mali tam quam moles in pectore constet,
haut ita vitam agerent, ut nunc plerumque videmus
quid sibi quisque velit nescire et quaerere semper,
commutare locum, quasi onus deponere possit.
exit saepe foras magnis ex aedibus ille,   1060
esse domi quem pertaesumst, subitoque revertit,
quippe foris nihilo melius qui sentiat esse.
currit agens mannos ad villam praecipitanter
auxilium tectis quasi ferre ardentibus instans;
oscitat extemplo, tetigit cum limina villae,   1065
aut abit in somnum gravis atque oblivia quaerit,
aut etiam properans urbem petit atque revisit.
hoc se quisque modo fugit, at quem scilicet, ut fit,
effugere haut potis est: ingratius haeret et odit
propterea, morbi quia causam non tenet aeger;   1070
quam bene si videat, iam rebus quisque relictis
naturam primum studeat cognoscere rerum,
temporis aeterni quoniam, non unius horae,
ambigitur status, in quo sit mortalibus omnis
aetas, post mortem quae restat cumque manendo.   1075
Denique tanto opere in dubiis trepidare periclis
quae mala nos subigit vitai tanta cupido?
certe equidem finis vitae mortalibus adstat
nec devitari letum pote, quin obeamus.
praeterea versamur ibidem atque insumus usque   1080
nec nova vivendo procuditur ulla voluptas;
sed dum abest quod avemus, id exsuperare videtur
cetera; post aliud, cum contigit illud, avemus
et sitis aequa tenet vitai semper hiantis.
posteraque in dubiost fortunam quam vehat aetas,   1085
quidve ferat nobis casus quive exitus instet.
nec prorsum vitam ducendo demimus hilum
tempore de mortis nec delibare valemus,

quo minus esse diu possimus forte perempti.
proinde licet quod vis vivendo condere saecla,   1090
mors aeterna tamen nihilo minus illa manebit,
nec minus ille diu iam non erit, ex hodierno
lumine qui finem vitai fecit, et ille,
mensibus atque annis qui multis occidit ante.

Liber Quartus

Avia Pieridum peragro loca nullius ante
trita solo. iuvat integros accedere fontis
atque haurire, iuvatque novos decerpere flores
insignemque meo capiti petere inde coronam,
unde prius nulli velarint tempora musae;   5
primum quod magnis doceo de rebus et artis
religionum animum nodis exsolvere pergo,
deinde quod obscura de re tam lucida pango
carmina musaeo contingens cuncta lepore.
id quoque enim non ab nulla ratione videtur;   10
nam vel uti pueris absinthia taetra medentes
cum dare conantur, prius oras pocula circum
contingunt mellis dulci flavoque liquore,
ut puerorum aetas inprovida ludificetur
labrorum tenus, interea perpotet amarum   15
absinthi laticem deceptaque non capiatur,
sed potius tali facto recreata valescat,
sic ego nunc, quoniam haec ratio plerumque videtur
tristior esse quibus non est tractata, retroque
volgus abhorret ab hac, volui tibi suaviloquenti   20
carmine Pierio rationem exponere nostram
et quasi musaeo dulci contingere melle;
si tibi forte animum tali ratione tenere
versibus in nostris possem, dum percipis omnem
naturam rerum ac persentis utilitatem.   25
Sed quoniam docui cunctarum exordia rerum

qualia sint et quam variis distantia formis
sponte sua volitent aeterno percita motu
quoque modo possit res ex his quaeque creari,
nunc agere incipiam tibi quod vehementer ad has res   30
attinet esse ea quae rerum simulacra vocamus,
quae quasi membranae vel cortex nominitandast,
atque animi quoniam docui natura quid esset
et quibus e rebus cum corpore compta vigeret
quove modo distracta rediret in ordia prima,   35
nunc agere incipiam tibi, quod vehementer ad has res
attinet esse ea quae rerum simulacra vocamus,
quod speciem ac formam similem gerit eius imago,
cuius cumque cluet de corpore fusa vagari;
quae quasi membranae summo de corpore rerum   40
dereptae volitant ultroque citroque per auras,
atque eadem nobis vigilantibus obvia mentes
terrificant atque in somnis, cum saepe figuras
contuimur miras simulacraque luce carentum,
quae nos horrifice languentis saepe sopore   45
excierunt ne forte animas Acherunte reamur
effugere aut umbras inter vivos volitare
neve aliquid nostri post mortem posse relinqui,
cum corpus simul atque animi natura perempta
in sua discessum dederint primordia quaeque.   50
dico igitur rerum effigias tenuisque figuras
mittier ab rebus summo de cortice eorum;
id licet hinc quamvis hebeti cognoscere corde.
Principio quoniam mittunt in rebus apertis
corpora res multae, partim diffusa solute,   55
robora ceu fumum mittunt ignesque vaporem,
et partim contexta magis condensaque, ut olim
cum teretis ponunt tunicas aestate cicadae,
et vituli cum membranas de corpore summo
nascentes mittunt, et item cum lubrica serpens   60
exuit in spinis vestem; nam saepe videmus
illorum spoliis vepres volitantibus auctas.
quae quoniam fiunt, tenuis quoque debet imago
ab rebus mitti summo de corpore rerum.

nam cur illa cadant magis ab rebusque recedant   65
quam quae tenvia sunt, hiscendist nulla potestas;
praesertim cum sint in summis corpora rebus
multa minuta, iaci quae possint ordine eodem
quo fuerint et formai servare figuram,
et multo citius, quanto minus indupediri   70
pauca queunt et quae sunt prima fronte locata.
nam certe iacere ac largiri multa videmus,
non solum ex alto penitusque, ut diximus ante,
verum de summis ipsum quoque saepe colorem.
et volgo faciunt id lutea russaque vela   75
et ferrugina, cum magnis intenta theatris
per malos volgata trabesque trementia flutant;
namque ibi consessum caveai supter et omnem
scaenai speciem patrum matrumque deorsum
inficiunt coguntque suo fluitare colore.   80
et quanto circum mage sunt inclusa theatri
moenia, tam magis haec intus perfusa lepore
omnia conrident correpta luce diei.
ergo lintea de summo cum corpore fucum
mittunt, effigias quoque debent mittere tenvis   85
res quaeque, ex summo quoniam iaculantur utraque.
sunt igitur iam formarum vestigia certa,
quae volgo volitant subtili praedita filo
nec singillatim possunt secreta videri.
Praeterea omnis odor fumus vapor atque aliae res   90
consimiles ideo diffusae rebus abundant,
ex alto quia dum veniunt extrinsecus ortae
scinduntur per iter flexum, nec recta viarum
ostia sunt, qua contendant exire coortae.
at contra tenuis summi membrana coloris   95
cum iacitur, nihil est quod eam discerpere possit,
in promptu quoniam est in prima fronte locata.
Postremo speculis in aqua splendoreque in omni
quae cumque apparent nobis simulacra, necessest,
quandoquidem simili specie sunt praedita rerum,   100
exin imaginibus missis consistere eorum.
nam cur illa cadant magis ab rebusque recedant

quam quae tenuia sunt, hiscendıst nulla potestas.
sunt igitur tenues formarum illis similesque
effigiae, singillatim quas cernere nemo   105
cum possit, tamen adsiduo crebroque repulsu
reiectae reddunt speculorum ex aequore visum,
nec ratione alia servari posse videntur,
tanto opere ut similes reddantur cuique figurae.
Nunc age, quam tenui natura constet imago   110
percipe. et in primis, quoniam primordia tantum
sunt infra nostros sensus tantoque minora
quam quae primum oculi coeptant non posse tueri,
nunc tamen id quoque uti confirmem, exordia rerum
cunctarum quam sint subtilia percipe paucis.   115
primum animalia sunt iam partim tantula, corum
tertia pars nulla possit ratione videri.
horum intestinum quodvis quale esse putandumst!
quid cordis globus aut oculi? quid membra? quid artus?
quantula sunt! quid praeterea primordia quaeque,   120
unde anima atque animi constet natura necessumst,
nonne vides quam sint subtilia quamque minuta?
praeterea quaecumque suo de corpore odorem
expirant acrem, panaces absinthia taetra
habrotonique graves et tristia centaurea,   125
quorum unum quidvis leviter si forte duobus
*

quin potius noscas rerum simulacra vagari
multa modis multis, nulla vi cassaque sensu?
Sed ne forte putes ea demum sola vagari,
quae cumque ab rebus rerum simulacra recedunt,   130
sunt etiam quae sponte sua gignuntur et ipsa
constituuntur in hoc caelo, qui dicitur aer,
quae multis formata modis sublime feruntur,
ut nubes facile inter dum concrescere in alto
cernimus et mundi speciem violare serenam   135
aëra mulcentes motu; nam saepe Gigantum
ora volare videntur et umbram ducere late,
inter dum magni montes avolsaque saxa
montibus ante ire et solem succedere praeter,

inde alios trahere atque inducere belua nimbos.   140
nec speciem mutare suam liquentia cessant
et cuiusque modi formarum vertere in oras.
Nunc ea quam facili et celeri ratione genantur
perpetuoque fluant ab rebus lapsaque cedant
*

semper enim summum quicquid de rebus abundat,   145
quod iaculentur. et hoc alias cum pervenit in res,
transit, ut in primis vestem; sed ubi aspera saxa
aut in materiam ligni pervenit, ibi iam
scinditur, ut nullum simulacrum reddere possit.
at cum splendida quae constant opposta fuerunt   150
densaque, ut in primis speculum est, nihil accidit horum;
nam neque, uti vestem, possunt transire, neque autem
scindi; quam meminit levor praestare salutem.
qua propter fit ut hinc nobis simulacra redundent.
et quamvis subito quovis in tempore quamque   155
rem contra speculum ponas, apparet imago;
perpetuo fluere ut noscas e corpore summo
texturas rerum tenuis tenuisque figuras.
ergo multa brevi spatio simulacra genuntur,
ut merito celer his rebus dicatur origo.   160
et quasi multa brevi spatio summittere debet
lumina sol, ut perpetuo sint omnia plena,
sic ab rebus item simili ratione necessest
temporis in puncto rerum simulacra ferantur
multa modis multis in cunctas undique partis;   165
quandoquidem speculum quo cumque obvertimus oris,
res ibi respondent simili forma atque colore.
Praeterea modo cum fuerit liquidissima caeli
tempestas, perquam subito fit turbida foede,
undique uti tenebras omnis Acherunta rearis   170
liquisse et magnas caeli complesse cavernas.
usque adeo taetra nimborum nocte coorta
inpendent atrae Formidinis ora superne;
quorum quantula pars sit imago dicere nemost
qui possit neque eam rationem reddere dictis.   175
Nunc age, quam celeri motu simulacra ferantur,

et quae mobilitas ollis tranantibus auras
reddita sit, longo spatio ut brevis hora teratur,
in quem quaeque locum diverso numine tendunt,
suavidicis potius quam multis versibus edam;   180
parvus ut est cycni melior canor, ille gruum quam
clamor in aetheriis dispersus nubibus austri.
Principio persaepe levis res atque minutis
corporibus factas celeris licet esse videre.
in quo iam genere est solis lux et vapor eius,   185
propterea quia sunt e primis facta minutis,
quae quasi cuduntur perque aëris intervallum
non dubitant transire sequenti concita plaga;
suppeditatur enim confestim lumine lumen
et quasi protelo stimulatur fulgere fulgur.   190
qua propter simulacra pari ratione necessest
inmemorabile per spatium transcurrere posse
temporis in puncto, primum quod parvola causa
est procul a tergo quae provehat atque propellat,
quod super est, ubi tam volucri levitate ferantur,   195
deinde quod usque adeo textura praedita rara
mittuntur, facile ut quasvis penetrare queant res
et quasi permanare per aëris intervallum.
Praeterea si quae penitus corpuscula rerum
ex altoque foras mittuntur, solis uti lux   200
ac vapor, haec puncto cernuntur lapsa diei
per totum caeli spatium diffundere sese
perque volare mare ac terras caelumque rigare.
quid quae sunt igitur iam prima fronte parata,
cum iaciuntur et emissum res nulla moratur?   205
quone vides citius debere et longius ire
multiplexque loci spatium transcurrere eodem
tempore quo solis pervolgant lumina caelum?
Hoc etiam in primis specimen verum esse videtur,
quam celeri motu rerum simulacra ferantur,   210
quod simul ac primum sub diu splendor aquai
ponitur, extemplo caelo stellante serena
sidera respondent in aqua radiantia mundi.
iamne vides igitur quam puncto tempore imago

aetheris ex oris in terrarum accidat oras? 215
quare etiam atque etiam mitti fateare necessest
corpora quae feriant oculos visumque lacessant.
perpetuoque fluunt certis ab rebus odores,
frigus ut a fluviis, calor ab sole, aestus ab undis
aequoris, exesor moerorum litora circum, 220
nec variae cessant voces volitare per auras.
denique in os salsi venit umor saepe saporis,
cum mare versamur propter, dilutaque contra
cum tuimur misceri absinthia, tangit amaror.
usque adeo omnibus ab rebus res quaeque fluenter 225
fertur et in cunctas dimittitur undique partis
nec mora nec requies interdatur ulla fluendi,
perpetuo quoniam sentimus et omnia semper
cernere odorari licet et sentire sonare.
Praeterea quoniam manibus tractata figura 230
in tenebris quaedam cognoscitur esse eadem quae
cernitur in luce et claro candore, necessest
consimili causa tactum visumque moveri.
nunc igitur si quadratum temptamus et id nos
commovet in tenebris, in luci quae poterit res 235
accidere ad speciem quadrata, nisi eius imago?
esse in imaginibus qua propter causa videtur
cernundi neque posse sine his res ulla videri.
Nunc ea quae dico rerum simulacra feruntur
undique et in cunctas iaciuntur didita partis; 240
verum nos oculis quia solis cernere quimus,
propterea fit uti, speciem quo vertimus, omnes
res ibi eam contra feriant forma atque colore.
et quantum quaeque ab nobis res absit, imago
efficit ut videamus et internoscere curat; 245
nam cum mittitur, extemplo protrudit agitque
aëra qui inter se cumque est oculosque locatus,
isque ita per nostras acies perlabitur omnis
et quasi perterget pupillas atque ita transit.
propterea fit uti videamus quam procul absit 250
res quaeque. et quanto plus aëris ante agitatur
et nostros oculos perterget longior aura,

tam procul esse magis res quaeque remota vidctur.
scilicet haec summe celeri ratione geruntur,
quale sit ut videamus, et una quam procul absit.   255
Illud in his rebus minime mirabile habendumst,
cur, ea quae feriant oculos simulacra videri
singula cum nequeant, res ipsae perspiciantur.
ventus enim quoque paulatim cum verberat et cum
acre fluit frigus, non privam quamque solemus   260
particulam venti sentire et frigoris eius,
sed magis unorsum, fierique perinde videmus
corpore tum plagas in nostro tam quam aliquae res
verberet atque sui det sensum corporis extra.
praeterea lapidem digito cum tundimus, ipsum   265
tangimus extremum saxi summumque colorem
nec sentimus eum tactu, verum magis ipsam
duritiem penitus saxi sentimus in alto.
Nunc age, cur ultra speculum videatur imago
percipe: nam certe penitus remmota videtur.   270
quod genus illa foris quae vere transpiciuntur,
ianua cum per se transpectum praebet apertum,
multa facitque foris ex aedibus ut videantur;
is quoque enim duplici geminoque fit aëre visus.
primus enim citra postes tum cernitur aër,   275
inde fores ipsae dextra laevaque secuntur,
post extraria lux oculos perterget et aër
alter, et illa foris quae vere transpiciuntur.
sic ubi se primum speculi proiecit imago,
dum venit ad nostras acies, protrudit agitque   280
aëra qui inter se cumquest oculosque locatus,
et facit, ut prius hunc omnem sentire queamus
quam speculum; sed ubi in speculum quoque sensimus ipsum,
continuo a nobis in eum quae fertur imago
pervenit, et nostros oculos reiecta revisit   285
atque alium prae se propellens aëra volvit,
et facit ut prius hunc quam se videamus, eoque
distare ab speculo tantum semota videtur.
quare etiam atque etiam minime mirarier est par
*

illis quae reddunt speculorum ex aequore visum,   290
aëribus binis quoniam res confit utraque.
Nunc ea quae nobis membrorum dextera pars est,
in speculis fit ut in laeva videatur eo quod
planitiem ad speculi veniens cum offendit imago,
non convertitur incolumis, sed recta retrorsum   295
sic eliditur, ut siquis, prius arida quam sit
cretea persona, adlidat pilaeve trabive,
atque ea continuo rectam si fronte figuram
servet et elisam retro sese exprimat ipsa.
fiet ut, ante oculus fuerit qui dexter, ut idem   300
nunc sit laevus et e laevo sit mutua dexter.
Fit quoque de speculo in speculum ut tradatur imago,
quinque etiam aut sex ut fieri simulacra suërint.
nam quae cumque retro parte interiore latebunt,
inde tamen, quamvis torte penitusque remota,   305
omnia per flexos aditus educta licebit
pluribus haec speculis videantur in aedibus esse.
usque adeo speculo in speculum translucet imago,
et cum laeva data est, fit rusum ut dextera fiat,
inde retro rursum redit et convertit eodem.   310
Quin etiam quae cumque latuscula sunt speculorum
adsimili lateris flexura praedita nostri,
dextera ea propter nobis simulacra remittunt,
aut quia de speculo in speculum transfertur imago,
inde ad nos elisa bis advolat, aut etiam quod   315
circum agitur, cum venit, imago propterea quod
flexa figura docet speculi convertier ad nos.
Indugredi porro pariter simulacra pedemque
ponere nobiscum credas gestumque imitari
propterea quia, de speculi qua parte recedas,   320
continuo nequeunt illinc simulacra reverti;
omnia quandoquidem cogit natura referri
ac resilire ab rebus ad aequos reddita flexus.
Splendida porro oculi fugitant vitantque tueri.
sol etiam caecat, contra si tendere pergas,   325
propterea quia vis magnast ipsius et alte
aëra per purum simulacra feruntur

et feriunt oculos turbantia composituras.
Praeterea splendor qui cumque est acer adurit
saepe oculos ideo quod semina possidet ignis   330
multa, dolorem oculis quae gignunt insinuando.
lurida praeterea fiunt quae cumque tuentur
arquati, quia luroris de corpore eorum
semina multa fluunt simulacris obvia rerum,
multaque sunt oculis in eorum denique mixta,   335
quae contage sua palloribus omnia pingunt.
E tenebris autem quae sunt in luce tuemur
propterea quia, cum propior caliginis aër
ater init oculos prior et possedit apertos,
insequitur candens confestim lucidus aër,   340
qui quasi purgat eos ac nigras discutit umbras
aëris illius; nam multis partibus hic est
mobilior multisque minutior et mage pollens.
qui simul atque vias oculorum luce replevit
atque pate fecit, quas ante obsederat aër   345
ATER, continuo rerum simulacra secuntur,
quae sita sunt in luce, lacessuntque ut videamus.
quod contra facere in tenebris e luce nequimus
propterea quia posterior caliginis aër
crassior insequitur, qui cuncta foramina complet   350
obsiditque vias oculorum, ne simulacra
possint ullarum rerum coniecta moveri.
Quadratasque procul turris cum cernimus urbis,
propterea fit uti videantur saepe rutundae,
angulus optusus quia longe cernitur omnis   355
sive etiam potius non cernitur ac perit eius
plaga nec ad nostras acies perlabitur ictus,
aëra per multum quia dum simulacra feruntur,
cogit hebescere eum crebris offensibus aër.
hoc ubi suffugit sensum simul angulus omnis.   360
fit quasi ut ad turnum saxorum structa tuantur;
non tamen ut coram quae sunt vereque rutunda,
sed quasi adumbratim paulum simulata videntur.
Umbra videtur item nobis in sole moveri
et vestigia nostra sequi gestumque imitari,   365

aëra si credis privatum lumine posse
indugredi, motus hominum gestumque sequentem;
nam nihil esse potest aliud nisi lumine cassus
aër id quod nos umbram perhibere suëmus.
ni mirum, quia terra locis ex ordine certis   370
lumine privatur solis qua cumque meantes
officimus, repletur item quod liquimus eius,
propterea fit uti videatur, quae fuit umbra
corporis, e regione eadem nos usque secuta.
semper enim nova se radiorum lumina fundunt   375
primaque dispereunt, quasi in ignem lana trahatur.
propterea facile et spoliatur lumine terra
et repletur item nigrasque sibi abluit umbras.
Nec tamen hic oculos falli concedimus hilum.
nam quo cumque loco sit lux atque umbra tueri   380
illorum est; eadem vero sint lumina necne,
umbraque quae fuit hic eadem nunc transeat illuc,
an potius fiat paulo quod diximus ante,
hoc animi demum ratio discernere debet,
nec possunt oculi naturam noscere rerum.   385
proinde animi vitium hoc oculis adfingere noli.
Qua vehimur navi, fertur, cum stare videtur;
quae manet in statione, ea praeter creditur ire.
et fugere ad puppim colles campique videntur,
quos agimus praeter navem velisque volamus.   390
Sidera cessare aetheriis adfixa cavernis
cuncta videntur, et adsiduo sunt omnia motu,
quandoquidem longos obitus exorta revisunt,
cum permensa suo sunt caelum corpore claro.
solque pari ratione manere et luna videtur   395
in statione, ea quae ferri res indicat ipsa.
Exstantisque procul medio de gurgite montis
classibus inter quos liber patet exitus ingens,
insula coniunctis tamen ex his una videtur.
atria versari et circum cursare columnae   400
usque adeo fit uti pueris videantur, ubi ipsi
desierunt verti, vix ut iam credere possint
non supra sese ruere omnia tecta minari.

Iamque rubrum tremulis iubar ignibus erigere alte
cum coeptat natura supraque extollere montes, 405
quos tibi tum supra sol montis esse videtur
comminus ipse suo contingens fervidus igni,
vix absunt nobis missus bis mille sagittae,
vix etiam cursus quingentos saepe veruti;
inter eos solemque iacent immania ponti 410
aequora substrata aetheriis ingentibus oris,
interiectaque sunt terrarum milia multa,
quae variae retinent gentes et saecla ferarum.
At coniectus aquae digitum non altior unum,
qui lapides inter sistit per strata viarum, 415
despectum praebet sub terras inpete tanto,
a terris quantum caeli patet altus hiatus,
nubila despicere et caelum ut videare videre,
corpora mirande sub terras abdita caelo.
Denique ubi in medio nobis ecus acer obhaesit 420
flumine et in rapidas amnis despeximus undas,
stantis equi corpus transversum ferre videtur
vis et in adversum flumen contrudere raptim,
et quo cumque oculos traiecimus omnia ferri
et fluere adsimili nobis ratione videntur. 425
Porticus aequali quamvis est denique ductu
stansque in perpetuum paribus suffulta columnis,
longa tamen parte ab summa cum tota videtur,
paulatim trahit angusti fastigia coni,
tecta solo iungens atque omnia dextera laevis 430
donec in obscurum coni conduxit acumen.
In pelago nautis ex undis ortus in undis
sol fit uti videatur obire et condere lumen;
quippe ubi nil aliud nisi aquam caelumque tuentur;
ne leviter credas labefactari undique sensus. 435
at maris ignaris in portu clauda videntur
navigia aplustris fractis obnitier undis.
nam quae cumque supra rorem salis edita pars est
remorum, recta est, et recta superne guberna;
quae demersa liquore obeunt, refracta videntur 440
omnia converti sursumque supina reverti

et reflexa prope in summo fluitare liquore.
Raraque per caelum cum venti nubila portant
tempore nocturno, tum splendida signa videntur
labier adversum nimbos atque ire superne   445
longe aliam in partem ac vera ratione feruntur
At si forte oculo manus uni subdita supter
pressit eum, quodam sensu fit uti videantur
omnia quae tuimur fieri tum bina tuendo,
bina lucernarum florentia lumina flammis   450
binaque per totas aedis geminare supellex
et duplicis hominum facies et corpora bina.
Denique cum suavi devinxit membra sopore
somnus et in summa corpus iacet omne quiete,
tum vigilare tamen nobis et membra movere   455
nostra videmur, et in noctis caligine caeca
cernere censemus solem lumenque diurnum,
conclusoque loco caelum mare flumina montis
mutare et campos pedibus transire videmur,
et sonitus audire, severa silentia noctis   460
undique cum constent, et reddere dicta tacentes.
Cetera de genere hoc mirande multa videmus,
quae violare fidem quasi sensibus omnia quaerunt,
ne quiquam, quoniam pars horum maxima fallit
propter opinatus animi, quos addimus ipsi,   465
pro visis ut sint quae non sunt sensibus visa;
nam nihil aegrius est quam res secernere apertas
ab dubiis, animus quas ab se protinus addit.
Denique nil sciri siquis putat, id quoque nescit
an sciri possit, quoniam nil scire fatetur.   470
hunc igitur contra minuam contendere causam,
qui capite ipse suo in statuit vestigia sese.
et tamen hoc quoque uti concedam scire, at id ipsum
quaeram, cum in rebus veri nil viderit ante,
unde sciat quid sit scire et nescire vicissim,   475
notitiam veri quae res falsique crearit
et dubium certo quae res differre probarit.
invenies primis ab sensibus esse creatam
notitiem veri neque sensus posse refelli.

nam maiore fide debet reperirier illud,   480
sponte sua veris quod possit vincere falsa.
quid maiore fide porro quam sensus haberi
debet? an ab sensu falso ratio orta valebit
dicere eos contra, quae tota ab sensibus orta est?
qui nisi sunt veri, ratio quoque falsa fit omnis.   485
An poterunt oculos aures reprehendere, an aures
tactus? an hunc porro tactum sapor arguet oris,
an confutabunt nares oculive revincent?
non, ut opinor, ita est. nam seorsum cuique potestas
divisast, sua vis cuiquest, ideoque necesse est   490
et quod molle sit et gelidum fervensve videre
et seorsum varios rerum sentire colores
et quae cumque coloribus sint coniuncta necessest.
seorsus item sapor oris habet vim, seorsus odores
nascuntur, seorsum sonitus. ideoque necesse est   495
non possint alios alii convincere sensus.
nec porro poterunt ipsi reprehendere sese,
aequa fides quoniam debebit semper haberi.
proinde quod in quoquest his visum tempore, verumst.
Et si non poterit ratio dissolvere causam,   500
cur ea quae fuerint iuxtim quadrata, procul sint
visa rutunda, tamen praestat rationis egentem
reddere mendose causas utriusque figurae,
quam manibus manifesta suis emittere quoquam
et violare fidem primam et convellere tota   505
fundamenta quibus nixatur vita salusque.
non modo enim ratio ruat omnis, vita quoque ipsa
concidat extemplo, nisi credere sensibus ausis
praecipitisque locos vitare et cetera quae sint
in genere hoc fugienda, sequi contraria quae sint.   510
illa tibi est igitur verborum copia cassa
omnis, quae contra sensus instructa paratast.
Denique ut in fabrica, si pravast regula prima,
normaque si fallax rectis regionibus exit,
et libella aliqua si ex parti claudicat hilum,   515
omnia mendose fieri atque obstipa necessu est
prava cubantia prona supina atque absona tecta,

iam ruere ut quaedam videantur velle, ruantque
prodita iudiciis fallacibus omnia primis,
sic igitur ratio tibi rerum prava necessest   520
falsaque sit, falsis quae cumque ab sensibus ortast.
Nunc alii sensus quo pacto quisque suam rem
sentiat, haud quaquam ratio scruposa relicta est.
Principio auditur sonus et vox omnis, in auris
insinuata suo pepulere ubi corpore sensum.   525
corpoream quoque enim vocem constare fatendumst
et sonitum, quoniam possunt inpellere sensus.
Praeterea radit vox fauces saepe facitque
asperiora foras gradiens arteria clamor,
quippe per angustum turba maiore coorta   530
ire foras ubi coeperunt primordia vocum.
scilicet expletis quoque ianua raditur oris.
haud igitur dubiumst quin voces verbaque constent
corporeis e principiis, ut laedere possint.
nec te fallit item quid corporis auferat et quid   535
detrahat ex hominum nervis ac viribus ipsis
perpetuus sermo nigrai noctis ad umbram
aurorae perductus ab exoriente nitore,
praesertim si cum summost clamore profusus.
ergo corpoream vocem constare necessest,   540
multa loquens quoniam amittit de corpore partem.
Asperitas autem vocis fit ab asperitate
principiorum et item levor levore creatur;
nec simili penetrant auris primordia forma,
cum tuba depresso graviter sub murmure mugit   545
et reboat raucum retro cita barbita bombum,
et iam Dauliades natae hortis ex Heliconis
cum liquidam tollunt lugubri voce querellam.
Hasce igitur penitus voces cum corpore nostro
exprimimus rectoque foras emittimus ore,   550
mobilis articulat nervorum daedala lingua,
formaturaque labrorum pro parte figurat.
hoc ubi non longum spatiumst unde illa profecta
perveniat vox quaeque, necessest verba quoque ipsa
plane exaudiri discernique articulatim;   555

servat enim formaturam servatque figuram.
at si inter positum spatium sit longius aequo,
aëra per multum confundi verba necessest
et conturbari vocem, dum transvolat auras.
ergo fit, sonitum ut possis sentire neque illam   560
internoscere, verborum sententia quae sit;
usque adeo confusa venit vox inque pedita.
Praeterea verbum saepe unum perciet auris
omnibus in populo missum praeconis ab ore.
in multas igitur voces vox una repente   565
diffugit, in privas quoniam se dividit auris
obsignans formam verbis clarumque sonorem.
at quae pars vocum non auris incidit ipsas,
praeter lata perit frustra diffusa per auras.
pars solidis adlisa locis reiecta sonorem   570
reddit et inter dum frustratur imagine verbi.
Quae bene cum videas, rationem reddere possis
tute tibi atque aliis, quo pacto per loca sola
saxa paris formas verborum ex ordine reddant.
palantis comites com montis inter opacos   575
quaerimus et magna dispersos voce ciemus.
sex etiam aut septem loca vidi reddere vocis,
unam cum iaceres: ita colles collibus ipsi
verba repulsantes iterabant dicta referri.
haec loca capripedes Satyros Nymphasque tenere   580
finitimi fingunt et Faunos esse locuntur,
quorum noctivago strepitu ludoque iocanti
adfirmant volgo taciturna silentia rumpi
chordarumque sonos fieri dulcisque querellas,
tibia quas fundit digitis pulsata canentum,   585
et genus agricolum late sentiscere, quom Pan
pinea semiferi capitis velamina quassans
unco saepe labro calamos percurrit hiantis,
fistula silvestrem ne cesset fundere musam.
cetera de genere hoc monstra ac portenta loquontur,   590
ne loca deserta ab divis quoque forte putentur
sola tenere. ideo iactant miracula dictis
aut aliqua ratione alia ducuntur, ut omne

humanum genus est avidum nimis auricularum.
Quod super est, non est mirandum qua ratione,   595
per loca quae nequeunt oculi res cernere apertas,
haec loca per voces veniant aurisque lacessant,
conloquium clausis foribus quoque saepe videmus;
ni mirum quia vox per flexa foramina rerum
incolumis transire potest, simulacra renutant;   600
perscinduntur enim, nisi recta foramina tranant,
qualia sunt vitrei, species qua travolat omnis.
praeterea partis in cunctas dividitur vox,
ex aliis aliae quoniam gignuntur, ubi una
dissuluit semel in multas exorta, quasi ignis   605
saepe solet scintilla suos se spargere in ignis.
ergo replentur loca vocibus abdita retro,
omnia quae circum fervunt sonituque cientur.
at simulacra viis derectis omnia tendunt,
ut sunt missa semel; qua propter cernere nemo   610
saepe supra potis est, at voces accipere extra.
et tamen ipsa quoque haec, dum transit clausa domorum
vox optunditur atque auris confusa penetrat
et sonitum potius quam verba audire videmur.
Hoc, qui sentimus sucum, lingua atque palatum   615
plusculum habent in se rationis, plus operai.
principio sucum sentimus in ore, cibum cum
mandendo exprimimus, ceu plenam spongiam aquai
siquis forte manu premere ac siccare coëpit.
inde quod exprimimus per caulas omne palati   620
diditur et rarae per flexa foramina linguae,
hoc ubi levia sunt manantis corpora suci,
suaviter attingunt et suaviter omnia tractant
umida linguai circum sudantia templa;
at contra pungunt sensum lacerantque coorta,   625
quanto quaeque magis sunt asperitate repleta.
deinde voluptas est e suco fine palati;
cum vero deorsum per fauces praecipitavit,
nulla voluptas est, dum diditur omnis in artus;
nec refert quicquam quo victu corpus alatur,   630
dum modo quod capias concoctum didere possis

artubus et stomachi tumidum servare tenorem.
Nunc aliis alius qui sit cibus ut videamus,
expediam, quareve, aliis quod triste et amarumst,
hoc tamen esse aliis possit perdulce videri,   635
tantaque in his rebus distantia differitasque est,
ut quod aliis cibus est aliis fuat acre venenum;
est itaque ut serpens, hominis quae tacta salivis
disperit ac sese mandendo conficit ipsa.
praeterea nobis veratrum est acre venenum,   640
at capris adipes et cocturnicibus auget.
id quibus ut fiat rebus cognoscere possis,
principio meminisse decet quae diximus ante,
semina multimodis in rebus mixta teneri.
porro omnes quae cumque cibum capiunt animantes,   645
ut sunt dissimiles extrinsecus et generatim
extima membrorum circumcaesura coërcet,
proinde et seminibus constant variantque figura.
semina cum porro distent, differre necessest
intervalla viasque, foramina quae perhibemus,   650
omnibus in membris et in ore ipsoque palato.
esse minora igitur quaedam maioraque debent,
esse triquetra aliis, aliis quadrata necessest,
multa rutunda, modis multis multangula quaedam.
namque figurarum ratio ut motusque reposcunt,   655
proinde foraminibus debent differe figurae
et variare viae proinde ac textura coërcet.
hoc ubi quod suave est aliis aliis fit amarum,
illi, cui suave est, levissima corpora debent
contractabiliter caulas intrare palati,   660
at contra quibus est eadem res intus acerba,
aspera ni mirum penetrant hamataque fauces.
nunc facile est ex his rebus cognoscere quaeque.
quippe ubi cui febris bili superante coorta est
aut alia ratione aliquast vis excita morbi,   665
perturbatur ibi iam totum corpus et omnes
commutantur ibi positurae principiorum;
fit prius ad sensum ut quae corpora conveniebant
nunc non conveniant, et cetera sint magis apta,

quae penetrata queunt sensum progignere acerbum; 670
utraque enim sunt in mellis commixta sapore;
id quod iam supera tibi saepe ostendimus ante.
Nunc age, quo pacto naris adiectus odoris
tangat agam. primum res multas esse necessest
unde fluens volvat varius se fluctus odorum, 675
et fluere et mitti volgo spargique putandumst;
verum aliis alius magis est animantibus aptus,
dissimilis propter formas. ideoque per auras
mellis apes quamvis longe ducuntur odore,
volturiique cadaveribus; tum fissa ferarum 680
ungula quo tulerit gressum promissa canum vis
ducit, et humanum longe praesentit odorem
Romulidarum arcis servator, candidus anser.
sic aliis alius nidor datus ad sua quemque
pabula ducit et a taetro resilire veneno 685
cogit, eoque modo servantur saecla ferarum.
Hic odor ipse igitur, naris qui cumque lacessit,
est alio ut possit permitti longius alter;
sed tamen haud quisquam tam longe fertur eorum
quam sonitus, quam vox, mitto iam dicere quam res 690
quae feriunt oculorum acies visumque lacessunt.
errabundus enim tarde venit ac perit ante
paulatim facilis distractus in aëris auras;
ex alto primum quia vix emittitur ex re;
nam penitus fluere atque recedere rebus odores 695
significat quod fracta magis redolere videntur
omnia, quod contrita, quod igni conlabefacta.
deinde videre licet maioribus esse creatum
principiis quam vox, quoniam per saxea saepta
non penetrat, qua vox volgo sonitusque feruntur. 700
quare etiam quod olet non tam facile esse videbis
investigare in qua sit regione locatum;
refrigescit enim cunctando plaga per auras
nec calida ad sensum decurrunt nuntia rerum.
errant saepe canes itaque et vestigia quaerunt. 705
Nec tamen hoc solis in odoribus atque saporum
in generest, sed item species rerum atque colores

non ita conveniunt ad sensus omnibus omnes,
ut non sint aliis quaedam magis acria visu.
quin etiam gallum noctem explaudentibus alis   710
auroram clara consuetum voce vocare,
noenu queunt rapidi contra constare leones
inque tueri: ita continuo meminere fugai.
ni mirum quia sunt gallorum in corpore quaedam
semina, quae cum sunt oculis inmissa leonum,   715
pupillas interfodiunt acremque dolorem
praebent, ut nequeant contra durare feroces,
cum tamen haec nostras acies nil laedere possint,
aut quia non penetrant aut quod penetrantibus illis
exitus ex oculis liber datur, in remorando   720
laedere ne possint ex ulla lumina parte.
Nunc age, quae moveant animum res accipe, et unde
quae veniunt veniant in mentem percipe paucis.
principio hoc dico, rerum simulacra vagari
multa modis multis in cunctas undique partis   725
tenvia, quae facile inter se iunguntur in auris,
obvia cum veniunt, ut aranea bratteaque auri.
quippe etenim multo magis haec sunt tenvia textu
quam quae percipiunt oculos visumque lacessunt,
corporis haec quoniam penetrant per rara cientque   730
tenvem animi naturam intus sensumque lacessunt.
Centauros itaque et Scyllarum membra videmus
Cerbereasque canum facies simulacraque eorum
quorum morte obita tellus amplectitur ossa;
omnigenus quoniam passim simulacra feruntur,   735
partim sponte sua quae fiunt aëre in ipso,
partim quae variis ab rebus cumque recedunt
et quae confiunt ex horum facta figuris.
nam certe ex vivo Centauri non fit imago,
nulla fuit quoniam talis natura animata;   740
verum ubi equi atque hominis casu convenit imago,
haerescit facile extemplo, quod diximus ante,
propter subtilem naturam et tenvia texta.
cetera de genere hoc eadem ratione creantur.
quae cum mobiliter summa levitate feruntur,   745

ut prius ostendi, facile uno commovet ictu
quae libet una animum nobis subtilis imago;
tenvis enim mens est et mire mobilis ipsa.
haec fieri ut memoro, facile hinc cognoscere possis.
quatinus hoc simile est illi, quod mente videmus   750
atque oculis, simili fieri ratione necessest.
Nunc igitur docui quoniam me forte leonum
cernere per simulacra, oculos quae cumque lacessunt,
scire licet mentem simili ratione moveri
per simulacra leonum et cetera quae videt aeque   755
nec minus atque oculi, nisi quod mage tenvia cernit.
nec ratione alia, cum somnus membra profudit,
mens animi vigilat, nisi quod simulacra lacessunt
haec eadem nostros animos quae cum vigilamus,
usque adeo, certe ut videamur cernere eum quem   760
rellicta vita iam mors et terra potitast.
hoc ideo fieri cogit natura, quod omnes
corporis offecti sensus per membra quiescunt
nec possunt falsum veris convincere rebus.
praeterea meminisse iacet languetque sopore,   765
nec dissentit eum mortis letique potitum
iam pridem, quem mens vivom se cernere credit.
quod super est, non est mirum simulacra moveri
bracchiaque in numerum iactare et cetera membra;
nam fit ut in somnis facere hoc videatur imago.   770
quippe, ubi prima perit alioque est altera nata
inde statu, prior hic gestum mutasse videtur.
scilicet id fieri celeri ratione putandumst:
tanta est mobilitas et rerum copia tanta
tantaque sensibili quovis est tempore in uno   775
copia particularum, ut possit suppeditare.
Multaque in his rebus quaeruntur multaque nobis
clarandumst, plane si res exponere avemus.
quaeritur in primis quare, quod cuique libido
venerit, extemplo mens cogitet eius id ipsum.   780
anne voluntatem nostram simulacra tuentur
et simul ac volumus nobis occurrit imago,
si mare, si terram cordist, si denique caelum?

conventus hominum, pompam, convivia, pugnas,
omnia sub verbone creat natura paratque?   785
cum praesertim aliis eadem in regione locoque
longe dissimilis animus res cogitet omnis.
quid porro, in numerum procedere cum simulacra
cernimus in somnis et mollia membra movere,
mollia mobiliter cum alternis bracchia mittunt   790
et repetunt oculis gestum pede convenienti?
scilicet arte madent simulacra et docta vagantur,
nocturno facere ut possint in tempore ludos.
an magis illud erit verum? quia tempore in uno,
cum sentimus, id est cum vox emittitur una,   795
tempora multa latent, ratio quae comperit esse,
propterea fit uti quovis in tempore quaeque
praesto sint simulacra locis in quisque parata.
tanta est mobilitas et rerum copia tanta.
hoc ubi prima perit alioque est altera nata   800
inde statu, prior hic gestum mutasse videtur.
et quia tenvia sunt, nisi quae contendit, acute
cernere non potis est animus; proinde omnia quae sunt
praeterea pereunt, nisi quae ex sese ipse paravit.
ipse parat sese porro speratque futurum   805
ut videat quod consequitur rem quamque: fit ergo.
nonne vides oculos etiam, cum tenvia quae sunt
praeterea pereunt, nisi quae ex se ipse paravit
cernere coeperunt, contendere se atque parare,
nec sine eo fieri posse ut cernamus acute?   810
et tamen in rebus quoque apertis noscere possis,
si non advertas animum, proinde esse quasi omni
tempore semotum fuerit longeque remotum.
cur igitur mirumst, animus si cetera perdit
praeter quam quibus est in rebus deditus ipse?   815
deinde adopinamur de signis maxima parvis
ac nos in fraudem induimus frustraminis ipsi.
Fit quoque ut inter dum non suppeditetur imago
eiusdem generis, sed femina quae fuit ante,
in manibus vir uti factus videatur adesse,   820
aut alia ex alia facies aetasque sequatur.

quod ne miremur sopor atque oblivia curant.
Illud in his rebus vitium vehementer Äinesse
effugere errorem vitareque praemetuenter,
lumina ne facias oculorum clara creata,   825
prospicere ut possimus, et ut proferre queamus
proceros passus, ideo fastigia posse
surarum ac feminum pedibus fundata plicari,
bracchia tum porro validis ex apta lacertis
esse manusque datas utraque ex parte ministras,   830
ut facere ad vitam possemus quae foret usus.
cetera de genere hoc inter quae cumque pretantur,
omnia perversa praepostera sunt ratione,
nil ideo quoniam natumst in corpore ut uti
possemus, sed quod natumst id procreat usum.   835
nec fuit ante videre oculorum lumina nata,
nec dictis orare prius quam lingua creatast,
sed potius longe linguae praecessit origo
sermonem multoque creatae sunt prius aures
quam sonus est auditus, et omnia denique membra   840
ante fuere, ut opinor, eorum quam foret usus;
haud igitur potuere utendi crescere causa.
at contra conferre manu certamina pugnae
et lacerare artus foedareque membra cruore
ante fuit multo quam lucida tela volarent,   845
et volnus vitare prius natura coëgit
quam daret obiectum parmai laeva per artem.
scilicet et fessum corpus mandare quieti
multo antiquius est quam lecti mollia strata,
et sedare sitim prius est quam pocula natum.   850
haec igitur possunt utendi cognita causa
credier, ex usu quae sunt vitaque reperta.
illa quidem seorsum sunt omnia, quae prius ipsa
nata dedere suae post notitiam utilitatis.
quo genere in primis sensus et membra videmus;   855
quare etiam atque etiam procul est ut credere possis
utilitatis ob officium potuisse creari.
Illud item non est mirandum, corporis ipsa
quod natura cibum quaerit cuiusque animantis.

quippe etenim fluere atque recedere corpora rebus   860
multa modis multis docui, sed plurima debent
ex animalibus; quae quia sunt exercita motu,
multa per os exhalantur, cum languida anhelant,
multaque per sudorem ex alto pressa feruntur.
his igitur rebus rarescit corpus et omnis   865
subruitur natura, dolor quam consequitur rem.
propterea capitur cibus, ut suffulciat artus
et recreet vires inter datus, atque patentem
per membra ac venas ut amorem opturet edendi.
umor item discedit in omnia quae loca cumque   870
poscunt umorem; glomerataque multa vaporis
corpora, quae stomacho praebent incendia nostro,
dissupat adveniens liquor ac restinguit ut ignem,
urere ne possit calor amplius aridus artus.
sic igitur tibi anhela sitis de corpore nostro   875
abluitur, sic expletur ieiuna cupido.
Nunc qui fiat uti passus proferre queamus,
cum volumus, quareque datum sit membra movere
et quae res tantum hoc oneris protrudere nostri
corporis insuerit, dicam: tu percipe dicta.   880
dico animo nostro primum simulacra meandi
accidere atque animum pulsare, ut diximus ante.
inde voluntas fit; neque enim facere incipit ullam
rem quisquam, quam mens providit quid velit ante.
id quod providet, illius rei constat imago,   885
ergo animus cum sese ita commovet ut velit ire
inque gredi, ferit extemplo quae in corpore toto
per membra atque artus animai dissita vis est;
et facilest factu, quoniam coniuncta tenetur.
inde ea proporro corpus ferit, atque ita tota   890
paulatim moles protruditur atque movetur.
praeterea tum rarescit quoque corpus et aër,
scilicet ut debet qui semper mobilis extat,
per patefacta venit penetratque foramina largus,
et dispargitur ad partis ita quasque minutas   895
corporis. hic igitur rebus fit utrimque duabus,
corpus ut ac navis velis ventoque feratur.

nec tamen illud in his rebus mirabile constat,
tantula quod tantum corpus corpuscula possunt
contorquere et onus totum convertere nostrum;   900
quippe etenim ventus subtili corpore tenvis
trudit agens magnam magno molimine navem
et manus una regit quanto vis impete euntem
atque gubernaclum contorquet quo libet unum,
multaque per trocleas et tympana pondere magno   905
commovet atque levi sustollit machina nisu.
Nunc quibus ille modis somnus per membra quietem
inriget atque animi curas e pectore solvat,
suavidicis potius quom multis versibus edam,
parvus ut est cycni melior canor, ille gruum quam   910
clamor in aetheriis dispersus nubibus austri.
tu mihi da tenuis auris animumque sagacem,
ne fieri negites quae dicam posse retroque
vera repulsanti discedas pectore dicta,
tutemet in culpa cum sis neque cernere possis.   915
Principio somnus fit ubi est distracta per artus
vis animae partimque foras eiecta recessit
et partim contrusa magis concessit in altum;
dissoluuntur enim tum demum membra fluuntque.
nam dubium non est, animai quin opera sit   920
sensus hic in nobis, quem cum sopor inpedit esse,
tum nobis animam perturbatam esse putandumst
eiectamque foras, non omnem; namque iaceret
aeterno corpus perfusum frigore leti.
quippe ubi nulla latens animai pars remaneret   925
in membris, cinere ut multa latet obrutus ignis,
unde reconflari sensus per membra repente
possit, ut ex igni caeco consurgere flamma?
Sed quibus haec rebus novitas confiat et unde
perturbari anima et corpus languescere possit,   930
expediam: tu fac ne ventis verba profundam.
Principio externa corpus de parte necessum est,
aëriis quoniam vicinum tangitur auris,
tundier atque eius crebro pulsarier ictu,
proptereaque fere res omnes aut corio sunt   935

aut etiam conchis aut callo aut cortice tectae.
interiorem etiam partem spirantibus aër
verberat hic idem, cum ducitur atque reflatur.
quare utrimque secus cum corpus vapulet et cum
perveniant plagae per parva foramina nobis   940
corporis ad primas partis elementaque prima,
fit quasi paulatim nobis per membra ruina.
conturbantur enim positurae principiorum
corporis atque animi. fit uti pars inde animai
eliciatur et introrsum pars abdita cedat,   945
pars etiam distracta per artus non queat esse
coniuncta inter se neque motu mutua fungi;
inter enim saepit coetus natura viasque.
ergo sensus abit mutatis motibus alte.
et quoniam non est quasi quod suffulciat artus,   950
debile fit corpus languescuntque omnia membra,
bracchia palpebraeque cadunt poplitesque cubanti
saepe tamen summittuntur virisque resolvunt.
Deinde cibum sequitur somnus, quia, quae facit aër,
haec eadem cibus, in venas dum diditur omnis,   955
efficit. et multo sopor ille gravissimus exstat,
quem satur aut lassus capias, quia plurima tum se
corpora conturbant magno contusa labore.
fit ratione eadem coniectus parte animai
altior atque foras eiectus largior eius,   960
et divisior inter se ac distractior intus.
Et quo quisque fere studio devinctus adhaeret
aut quibus in rebus multum sumus ante morati
atque in ea ratione fuit contenta magis mens,
in somnis eadem plerumque videmur obire: 965
causidici causas agere et componere leges,
induperatores pugnare ac proelia obire,
nautae contractum cum ventis degere bellum,
nos agere hoc autem et naturam quaerere rerum
semper et inventam patriis exponere chartis.   970
cetera sic studia atque artes plerumque videntur
in somnis animos hominum frustrata tenere.
et qui cumque dies multos ex ordine ludis

adsiduas dederunt operas, plerumque videmus,
cum iam destiterunt ea sensibus usurpare, 975
relicuas tamen esse vias in mente patentis,
qua possint eadem rerum simulacra venire;
per multos itaque illa dies eadem obversantur
ante oculos, etiam vigilantes ut videantur
cernere saltantis et mollia membra moventis 980
et citharae liquidum carmen chordasque loquentis
auribus accipere et consessum cernere eundem
scenaique simul varios splendere decores.
usque adeo magni refert studium atque voluntas,
et quibus in rebus consuerint esse operati 985
non homines solum sed vero animalia cuncta.
quippe videbis equos fortis, cum membra iacebunt,
in somnis sudare tamen spirareque semper
et quasi de palma summas contendere viris
aut quasi carceribus patefactis edere voces 990
venantumque canes in molli saepe quiete
iactant crura tamen subito vocisque repente
mittunt et crebro redducunt naribus auras.
ut vestigia si teneant inventa ferarum,
expergefactique secuntur inania saepe 995
cervorum simulacra, fugae quasi dedita cernant,
donec discussis redeant erroribus ad se.
at consueta domi catulorum blanda propago
discutere et corpus de terra corripere instant,
iactant crura tamen subito vocisque repente 1000
mittunt et crebro redducunt naribus auras
ut vestigia si teneant inventa ferarum
expergefactique secuntur inania saepe
proinde quasi ignotas facies atque ora tuantur.
et quo quaeque magis sunt aspera seminiorum, 1005
tam magis in somnis eadem saevire necessust.
at variae fugiunt volucres pinnisque repente
sollicitant divom nocturno tempore lucos,
accipitres somno in leni si proelia pugnas
edere sunt persectantes visaeque volantes. 1010
porro hominum mentes, magnis quae motibus edunt

magna, itidem saepe in somnis faciuntque geruntque,
reges expugnant, capiuntur, proelia miscent,
tollunt clamorem, quasi si iugulentur ibidem.
multi depugnant gemitusque doloribus edunt   1015
et quasi pantherae morsu saevive leonis
mandantur, magnis clamoribus omnia complent.
multi de magnis per somnum rebus loquuntur
indicioque sui facti persaepe fuere.
multi mortem obeunt. multi, de montibus altis   1020
ut quasi praecipitent ad terram corpore toto,
exterruntur et ex somno quasi mentibus capti
vix ad se redeunt permoti corporis aestu.
flumen item sitiens aut fontem propter amoenum
adsidet et totum prope faucibus occupat amnem.   1025
puri saepe lacum propter si ac dolia curta
somno devincti credunt se extollere vestem,
totius umorem saccatum corporis fundunt,
cum Babylonica magnifico splendore rigantur.
tum quibus aetatis freta primitus insinuatur   1030
semen, ubi ipsa dies membris matura creavit,
conveniunt simulacra foris e corpore quoque,
nuntia praeclari voltus pulchrique coloris,
qui ciet inritans loca turgida semine multo,
ut quasi transactis saepe omnibus rebus profundant   1035
fluminis ingentis fluctus vestemque cruentent.
Sollicitatur id in nobis, quod diximus ante,
semen, adulta aetas cum primum roborat artus.
namque alias aliud res commovet atque lacessit;
ex homine humanum semen ciet una hominis vis.   1040
quod simul atque suis eiectum sedibus exit,
per membra atque artus decedit corpore toto,
in loca conveniens nervorum certa cietque
continuo partis genitalis corporis ipsas.
inritata tument loca semine fitque voluntas   1045
eicere id quo se contendit dira lubido,
incitat inritans loca turgida semine multo
idque petit corpus, mens unde est saucia amore;
namque omnes plerumque cadunt in vulnus et illam

emicat in partem sanguis, unde icimur ictu,   1050
et si comminus est, hostem ruber occupat umor.
sic igitur Veneris qui telis accipit ictus,
sive puer membris muliebribus hunc iaculatur
seu mulier toto iactans e corpore amorem,
unde feritur, eo tendit gestitque coire   1055
t iacere umorem in corpus de corpore ductum;
namque voluptatem praesagit muta cupido.
Haec Venus est nobis; hinc autemst nomen Amoris,
hinc illaec primum Veneris dulcedinis in cor
stillavit gutta et successit frigida cura;   1060
nam si abest quod ames, praesto simulacra tamen sunt
illius et nomen dulce obversatur ad auris.
sed fugitare decet simulacra et pabula amoris
absterrere sibi atque alio convertere mentem
et iacere umorem coniectum in corpora quaeque   1065
nec retinere semel conversum unius amore
et servare sibi curam certumque dolorem;
ulcus enim vivescit et inveterascit alendo
inque dies gliscit furor atque aerumna gravescit,
si non prima novis conturbes volnera plagis   1070
volgivagaque vagus Venere ante recentia cures
aut alio possis animi traducere motus.
Nec Veneris fructu caret is qui vitat amorem,
sed potius quae sunt sine poena commoda sumit;
nam certe purast sanis magis inde voluptas   1075
quam miseris; etenim potiundi tempore in ipso
fluctuat incertis erroribus ardor amantum
nec constat quid primum oculis manibusque fruantur.
quod petiere, premunt arte faciuntque dolorem
corporis et dentes inlidunt saepe labellis   1080
osculaque adfigunt, quia non est pura voluptas
et stimuli subsunt, qui instigant laedere id ipsum,
quod cumque est, rabies unde illaec germina surgunt.
sed leviter poenas frangit Venus inter amorem
blandaque refrenat morsus admixta voluptas.   1085
namque in eo spes est, unde est ardoris origo,
restingui quoque posse ab eodem corpore flammam.

quod fieri contra totum natura repugnat;
unaque res haec est, cuius quam plurima habemus,
tam magis ardescit dira cuppedine pectus.   1090
nam cibus atque umor membris adsumitur intus;
quae quoniam certas possunt obsidere partis,
hoc facile expletur laticum frugumque cupido.
ex hominis vero facie pulchroque colore
nil datur in corpus praeter simulacra fruendum   1095
tenvia; quae vento spes raptast saepe misella.
ut bibere in somnis sitiens quom quaerit et umor
non datur, ardorem qui membris stinguere possit,
sed laticum simulacra petit frustraque laborat
in medioque sitit torrenti flumine potans,   1100
sic in amore Venus simulacris ludit amantis,
nec satiare queunt spectando corpora coram
nec manibus quicquam teneris abradere membris
possunt errantes incerti corpore toto.
denique cum membris conlatis flore fruuntur   1105
aetatis, iam cum praesagit gaudia corpus
atque in eost Venus ut muliebria conserat arva,
adfigunt avide corpus iunguntque salivas
oris et inspirant pressantes dentibus ora,
ne quiquam, quoniam nihil inde abradere possunt   1110
nec penetrare et abire in corpus corpore toto;
nam facere inter dum velle et certare videntur.
usque adeo cupide in Veneris compagibus haerent,
membra voluptatis dum vi labefacta liquescunt.
tandem ubi se erupit nervis coniecta cupido,   1115
parva fit ardoris violenti pausa parumper.
inde redit rabies eadem et furor ille revisit,
cum sibi quod cupiant ipsi contingere quaerunt,
nec reperire malum id possunt quae machina vincat.
usque adeo incerti tabescunt volnere caeco.   1120
Adde quod absumunt viris pereuntque labore,
adde quod alterius sub nutu degitur aetas,
languent officia atque aegrotat fama vacillans.
labitur interea res et Babylonia fiunt
unguenta et pulchra in pedibus Sicyonia rident,   1125

scilicet et grandes viridi cum luce zmaragdi
auro includuntur teriturque thalassina vestis
adsidue et Veneris sudorem exercita potat.
et bene parta patrum fiunt anademata, mitrae,
inter dum in pallam atque Alidensia Ciaque vertunt.   1130
eximia veste et victu convivia, ludi,
pocula crebra, unguenta, coronae, serta parantur,
ne quiquam, quoniam medio de fonte leporum
surgit amari aliquid, quod in ipsis floribus angat,
aut cum conscius ipse animus se forte remordet   1135
desidiose agere aetatem lustrisque perire,
aut quod in ambiguo verbum iaculata reliquit,
quod cupido adfixum cordi vivescit ut ignis,
aut nimium iactare oculos aliumve tueri
quod putat in voltuque videt vestigia risus.   1140
Atque in amore mala haec proprio summeque secundo
inveniuntur; in adverso vero atque inopi sunt,
prendere quae possis oculorum lumine operto.
innumerabilia; ut melius vigilare sit ante,
qua docui ratione, cavereque, ne inliciaris.   1145
nam vitare, plagas in amoris ne iaciamur,
non ita difficile est quam captum retibus ipsis
exire et validos Veneris perrumpere nodos.
et tamen implicitus quoque possis inque peditus
effugere infestum, nisi tute tibi obvius obstes   1150
et praetermittas animi vitia omnia primum
aut quae corporis sunt eius, quam praepetis ac vis.
nam faciunt homines plerumque cupidine caeci
et tribuunt ea quae non sunt his commoda vere.
multimodis igitur pravas turpisque videmus   1155
esse in deliciis summoque in honore vigere.
atque alios alii inrident Veneremque suadent
ut placent, quoniam foedo adflictentur amore,
nec sua respiciunt miseri mala maxima saepe.
nigra melichrus est, inmunda et fetida acosmos,   1160
caesia Palladium, nervosa et lignea dorcas,
parvula, pumilio, chariton mia, tota merum sal,
magna atque inmanis cataplexis plenaque honoris.

balba loqui non quit, traulizi, muta pudens est;
at flagrans, odiosa, loquacula Lampadium fit.   1165
ischnon eromenion tum fit, cum vivere non quit
prae macie; rhadine verost iam mortua tussi.
at nimia et mammosa Ceres est ipsa ab Iaccho,
simula Silena ac Saturast, labeosa philema.
cetera de genere hoc longum est si dicere coner.   1170
sed tamen esto iam quantovis oris honore,
cui Veneris membris vis omnibus exoriatur;
nempe aliae quoque sunt; nempe hac sine viximus ante;
nempe eadem facit et scimus facere omnia turpi
et miseram taetris se suffit odoribus ipsa,   1175
quam famulae longe fugitant furtimque cachinnant.
at lacrimans exclusus amator limina saepe
floribus et sertis operit postisque superbos
unguit amaracino et foribus miser oscula figit;
quem si iam ammissum venientem offenderit aura   1180
una modo, causas abeundi quaerat honestas
et meditata diu cadat alte sumpta querella
stultitiaque ibi se damnet, tribuisse quod illi
plus videat quam mortali concedere par est.
nec Veneres nostras hoc fallit; quo magis ipsae   1185
omnia summo opere hos vitae poscaenia celant,
quos retinere volunt adstrictosque esse in amore,
ne quiquam, quoniam tu animo tamen omnia possis
protrahere in lucem atque omnis inquirere risus
et, si bello animost et non odiosa, vicissim   1190
praetermittere et humanis concedere rebus.
Nec mulier semper ficto suspirat amore,
quae conplexa viri corpus cum corpore iungit
et tenet adsuctis umectans oscula labris;
nam facit ex animo saepe et communia quaerens   1195
gaudia sollicitat spatium decurrere amoris.
nec ratione alia volucres armenta feraeque
et pecudes et equae maribus subsidere possent,
si non, ipsa quod illarum subat, ardet abundans
natura et Venerem salientum laeta retractat.   1200
nonne vides etiam quos mutua saepe voluptas

vinxit, ut in vinclis communibus excrucientur,
in triviis cum saepe canes discedere aventis
divorsi cupide summis ex viribus tendunt,
quom interea validis Veneris compagibus haerent?   1205
quod facerent numquam, nisi mutua gaudia nossent,
quae iacere in fraudem possent vinctosque tenere.
quare etiam atque etiam, ut dico, est communis voluptas.
Et commiscendo quom semine forte virilem
femina vim vicit subita vi corripuitque,   1210
tum similes matrum materno semine fiunt,
ut patribus patrio. sed quos utriusque figurae
esse vides, iuxtim miscentes vulta parentum,
corpore de patrio et materno sanguine crescunt,
semina cum Veneris stimulis excita per artus   1215
obvia conflixit conspirans mutuus ardor,
et neque utrum superavit eorum nec superatumst.
fit quoque ut inter dum similes existere avorum
possint et referant proavorum saepe figuras,
propterea quia multa modis primordia multis   1220
mixta suo celant in corpore saepe parentis,
quae patribus patres tradunt a stirpe profecta.
inde Venus varia producit sorte figuras,
maiorumque refert voltus vocesque comasque;
quandoquidem nihilo magis haec de semine certo   1225
fiunt quam facies et corpora membraque nobis.
et muliebre oritur patrio de semine saeclum
maternoque mares existunt corpore creti;
semper enim partus duplici de semine constat,
atque utri similest magis id quod cumque creatur,   1230
eius habet plus parte aequa; quod cernere possis,
sive virum suboles sivest muliebris origo.
Nec divina satum genitalem numina cuiquam
absterrent, pater a gnatis ne dulcibus umquam
appelletur et ut sterili Venere exigat aevom;   1235
quod plerumque putant et multo sanguine maesti
conspergunt aras adolentque altaria donis,
ut gravidas reddant uxores semine largo;
ne quiquam divom numen sortisque fatigant;

nam steriles nimium crasso sunt semine partim,　　　　1240
et liquido praeter iustum tenuique vicissim.
tenve locis quia non potis est adfigere adhaesum,
liquitur extemplo et revocatum cedit abortu.
crassius hinc porro quoniam concretius aequo
mittitur, aut non tam prolixo provolat ictu　　　　1245
aut penetrare locos aeque nequit aut penetratum
aegre admiscetur muliebri semine semen.
nam multum harmoniae Veneris differre videntur.
atque alias alii complent magis ex aliisque
succipiunt aliae pondus magis inque gravescunt.　　　　1250
et multae steriles Hymenaeis ante fuerunt
pluribus et nactae post sunt tamen unde puellos
suscipere et partu possent ditescere dulci.
et quibus ante domi fecundae saepe nequissent
uxoris parere, inventast illis quoque compar　　　　1255
natura, ut possent gnatis munire senectam.
usque adeo magni refert, ut semina possint
seminibus commisceri genitaliter apta
crassaque conveniant liquidis et liquida crassis.
atque in eo refert quo victu vita colatur;　　　　1260
namque aliis rebus concrescunt semina membris
atque aliis extenvantur tabentque vicissim.
et quibus ipsa modis tractetur blanda voluptas.
id quoque permagni refert; nam more ferarum
quadrupedumque magis ritu plerumque putantur　　　　1265
concipere uxores, quia sic loca sumere possunt
pectoribus positis sublatis semina lumbis.
nec molles opus sunt motus uxoribus hilum.
nam mulier prohibet se concipere atque repugnat,
clunibus ipsa viri Venerem si laeta retractat　　　　1270
atque exossato ciet omni pectore fluctus;
eicit enim sulcum recta regione viaque
vomeris atque locis avertit seminis ictum.
idque sua causa consuerunt scorta moveri,
ne complerentur crebro gravidaeque iacerent,　　　　1275
et simul ipsa viris Venus ut concinnior esset;
coniugibus quod nil nostris opus esse videtur.

Nec divinitus inter dum Venerisque sagittis
deteriore fit ut forma muliercula ametur;
nam facit ipsa suis inter dum femina factis   1280
morigerisque modis et munde corpore culto,
ut facile insuescat secum te degere vitam.
quod super est, consuetudo concinnat amorem;
nam leviter quamvis quod crebro tunditur ictu,
vincitur in longo spatio tamen atque labascit.   1285
nonne vides etiam guttas in saxa cadentis
umoris longo in spatio pertundere saxa?

Liber Quintus

Quis potis est dignum pollenti pectore carmen
condere pro rerum maiestate hisque repertis?
quisve valet verbis tantum, qui fingere laudes
pro meritis eius possit, qui talia nobis
pectore parta suo quaesitaque praemia liquit?   5
nemo, ut opinor, erit mortali corpore cretus.
nam si, ut ipsa petit maiestas cognita rerum,
dicendum est, deus ille fuit, deus, inclyte Memmi,
qui princeps vitae rationem invenit eam quae
nunc appellatur sapientia, quique per artem   10
fluctibus et tantis vitam tantisque tenebris
in tam tranquillo et tam clara luce locavit.
confer enim divina aliorum antiqua reperta.
namque Ceres fertur fruges Liberque liquoris
vitigeni laticem mortalibus instituisse;   15
cum tamen his posset sine rebus vita manere,
ut fama est aliquas etiam nunc vivere gentis.
at bene non poterat sine puro pectore vivi;
quo magis hic merito nobis deus esse videtur,
ex quo nunc etiam per magnas didita gentis   20
dulcia permulcent animos solacia vitae.
Herculis antistare autem si facta putabis,
longius a vera multo ratione ferere.
quid Nemeaeus enim nobis nunc magnus hiatus
ille leonis obesset et horrens Arcadius sus,   25
tanto opere officerent nobis Stymphala colentes?

denique quid Cretae taurus Lernaeaque pestis
hydra venenatis posset vallata colubris?
quidve tripectora tergemini vis Geryonai
et Diomedis equi spirantes naribus ignem   30
Thracia Bistoniasque plagas atque Ismara propter
aureaque Hesperidum servans fulgentia mala,
asper, acerba tuens, immani corpore serpens
arboris amplexus stirpes? quid denique obesset
propter Atlanteum litus pelagique severa,   35
quo neque noster adit quisquam nec barbarus audet?
cetera de genere hoc quae sunt portenta perempta,
si non victa forent, quid tandem viva nocerent?
nil, ut opinor: ita ad satiatem terra ferarum
nunc etiam scatit et trepido terrore repleta est   40
per nemora ac montes magnos silvasque profundas;
quae loca vitandi plerumque est nostra potestas.
at nisi purgatumst pectus, quae proelia nobis
atque pericula tumst ingratis insinuandum!
quantae tum scindunt hominem cuppedinis acres   45
sollicitum curae quantique perinde timores!
quidve superbia spurcitia ac petulantia? quantas
efficiunt clades! quid luxus desidiaeque?
haec igitur qui cuncta subegerit ex animoque
expulerit dictis, non armis, nonne decebit   50
hunc hominem numero divom dignarier esse?
cum bene praesertim multa ac divinitus ipsis
iam mortalibus e divis dare dicta suerit
atque omnem rerum naturam pandere dictis.
Cuius ego ingressus vestigia dum rationes   55
persequor ac doceo dictis, quo quaeque creata
foedere sint, in eo quam sit durare necessum
nec validas valeant aevi rescindere leges,
quo genere in primis animi natura reperta est
nativo primum consistere corpore creta,   60
nec posse incolumem magnum durare per aevum,
sed simulacra solere in somnis fallere mentem,
cernere cum videamur eum quem vita reliquit,
quod super est, nunc huc rationis detulit ordo,

ut mihi mortali consistere corpore mundum   65
nativomque simul ratio reddunda sit esse;
et quibus ille modis congressus materiai
fundarit terram caelum mare sidera solem
lunaique globum; tum quae tellure animantes
extiterint, et quae nullo sint tempore natae;   70
quove modo genus humanum variante loquella
coeperit inter se vesci per nomina rerum;
et quibus ille modis divom metus insinuarit
pectora, terrarum qui in orbi sancta tuetur
fana lacus lucos aras simulacraque divom.   75
praeterea solis cursus lunaeque meatus
expediam qua vi flectat natura gubernans;
ne forte haec inter caelum terramque reamur
libera sponte sua cursus lustrare perennis,
morigera ad fruges augendas atque animantis,   80
neve aliqua divom volvi ratione putemus.
nam bene qui didicere deos securum agere aevom,
si tamen interea mirantur qua ratione
quaeque geri possint, praesertim rebus in illis
quae supera caput aetheriis cernuntur in oris,   85
rursus in antiquas referuntur religiones
et dominos acris adsciscunt, omnia posse
quos miseri credunt, ignari quid queat esse,
quid nequeat, finita potestas denique cuique
qua nam sit ratione atque alte terminus haerens.   90
Quod super est, ne te in promissis plura moremur,
principio maria ac terras caelumque tuere;
quorum naturam triplicem, tria corpora, Memmi,
tris species tam dissimilis, tria talia texta,
una dies dabit exitio, multosque per annos   95
sustentata ruet moles et machina mundi.
nec me animi fallit quam res nova miraque menti
accidat exitium caeli terraeque futurum,
et quam difficile id mihi sit pervincere dictis;
ut fit ubi insolitam rem adportes auribus ante   100
nec tamen hanc possis oculorum subdere visu
nec iacere indu manus, via qua munita fidei

proxima fert humanum in pectus templaque mentis,
sed tamen effabor. dictis dabit ipsa fidem res
forsitan et graviter terrarum motibus ortis   105
omnia conquassari in parvo tempore cernes.
quod procul a nobis flectat fortuna gubernans,
et ratio potius quam res persuadeat ipsa
succidere horrisono posse omnia victa fragore.
Qua prius adgrediar quam de re fundere fata   110
sanctius et multo certa ratione magis quam
Pythia quae tripode a Phoebi lauroque profatur,
multa tibi expediam doctis solacia dictis;
religione refrenatus ne forte rearis
terras et solem et caelum, mare sidera lunam,   115
corpore divino debere aeterna manere,
proptereaque putes ritu par esse Gigantum
pendere eos poenas inmani pro scelere omnis,
qui ratione sua disturbent moenia mundi
praeclarumque velint caeli restinguere solem   120
inmortalia mortali sermone notantes;
quae procul usque adeo divino a numine distent
inque deum numero quae sint indigna videri,
notitiam potius praebere ut posse putentur
quid sit vitali motu sensuque remotum.   125
quippe etenim non est, cum quovis corpore ut esse
posse animi natura putetur consiliumque.
sicut in aethere non arbor, non aequore salso
nubes esse queunt neque pisces vivere in arvis
nec cruor in lignis neque saxis sucus inesse,   130
certum ac dispositumst ubi quicquid crescat et insit,
sic animi natura nequit sine corpore oriri
sola neque a nervis et sanguine longius esse.
quod si posset enim, multo prius ipsa animi vis
in capite aut umeris aut imis calcibus esse   135
posset et innasci quavis in parte soleret,
tandem in eodem homine atque in eodem vase manere.
quod quoniam nostro quoque constat corpore certum
dispositumque videtur ubi esse et crescere possit
seorsum anima atque animus, tanto magis infitiandum   140

totum posse extra corpus formamque animalem
putribus in glebis terrarum aut solis in igni
aut in aqua durare aut altis aetheris oris.
haud igitur constant divino praedita sensu,
quandoquidem nequeunt vitaliter esse animata.   145
Illud item non est ut possis credere, sedes
esse deum sanctas in mundi partibus ullis.
tenvis enim natura deum longeque remota
sensibus ab nostris animi vix mente videtur;
quae quoniam manuum tactum suffugit et ictum,   150
tactile nil nobis quod sit contingere debet;
tangere enim non quit quod tangi non licet ipsum.
quare etiam sedes quoque nostris sedibus esse
dissimiles debent, tenues de corpore eorum;
quae tibi posterius largo sermone probabo.   155
Dicere porro hominum causa voluisse parare
praeclaram mundi naturam proptereaque
adlaudabile opus divom laudare decere
aeternumque putare atque inmortale futurum,
nec fas esse, deum quod sit ratione vetusta   160
gentibus humanis fundatum perpetuo aevo,
sollicitare suis ulla vi ex sedibus umquam
nec verbis vexare et ab imo evertere summa,
cetera de genere hoc adfingere et addere, Memmi,
desiperest. quid enim inmortalibus atque beatis   165
gratia nostra queat largirier emolumenti,
ut nostra quicquam causa gerere adgrediantur?
quidve novi potuit tanto post ante quietos
inlicere ut cuperent vitam mutare priorem?
nam gaudere novis rebus debere videtur   170
cui veteres obsunt; sed cui nihil accidit aegri
tempore in ante acto, cum pulchre degeret aevom,
quid potuit novitatis amorem accendere tali?
quidve mali fuerat nobis non esse creatis?
an, credo, in tenebris vita ac maerore iacebat,   175
donec diluxit rerum genitalis origo?
natus enim debet qui cumque est velle manere
in vita, donec retinebit blanda voluptas;

qui numquam vero vitae gustavit amorem
nec fuit in numero, quid obest non esse creatum?   180
exemplum porro gignundis rebus et ipsa
notities hominum divis unde insita primum est,
quid vellent facere ut scirent animoque viderent,
quove modost umquam vis cognita principiorum
quidque inter sese permutato ordine possent.   185
si non ipsa dedit speciem natura creandi?
namque ita multa modis multis primordia rerum
ex infinito iam tempore percita plagis
ponderibusque suis consuerunt concita ferri
omnimodisque coire atque omnia pertemptare,   190
quae cumque inter se possint congressa creare,
ut non sit mirum, si in talis disposituras
deciderunt quoque et in talis venere meatus,
qualibus haec rerum geritur nunc summa novando.
Quod si iam rerum ignorem primordia quae sint,   195
hoc tamen ex ipsis caeli rationibus ausim
confirmare aliisque ex rebus reddere multis,
nequaquam nobis divinitus esse paratam
naturam rerum: tanta stat praedita culpa.
principio quantum caeli tegit impetus ingens,   200
inde avidam partem montes silvaeque ferarum
possedere, tenent rupes vastaeque paludes
et mare, quod late terrarum distinet oras.
inde duas porro prope partis fervidus ardor
adsiduusque geli casus mortalibus aufert.   205
quod super est arvi, tamen id natura sua vi
sentibus obducat, ni vis humana resistat
vitai causa valido consueta bidenti
ingemere et terram pressis proscindere aratris.
si non fecundas vertentes vomere glebas   210
terraique solum subigentes cimus ad ortus.
sponte sua nequeant liquidas existere in auras.
et tamen inter dum magno quaesita labore
cum iam per terras frondent atque omnia florent,
aut nimiis torret fervoribus aetherius sol   215
aut subiti peremunt imbris gelidaeque pruinae

flabraque ventorum violento turbine vexant.
praeterea genus horriferum natura ferarum
humanae genti infestum terraque marique
cur alit atque auget? cur anni tempora morbos   220
adportant? quare mors inmatura vagatur?
tum porro puer, ut saevis proiectus ab undis
navita, nudus humi iacet infans indigus omni
vitali auxilio, cum primum in luminis oras
nixibus ex alvo matris natura profudit,   225
vagituque locum lugubri complet, ut aequumst
cui tantum in vita restet transire malorum.
at variae crescunt pecudes armenta feraeque
nec crepitacillis opus est nec cuiquam adhibendast
almae nutricis blanda atque infracta loquella   230
nec varias quaerunt vestes pro tempore caeli,
denique non armis opus est, non moenibus altis,
qui sua tutentur, quando omnibus omnia large
tellus ipsa parit naturaque daedala rerum.
Principio quoniam terrai corpus et umor   235
aurarumque leves animae calidique vapores,
e quibus haec rerum consistere summa videtur,
omnia nativo ac mortali corpore constant,
debet eodem omnis mundi natura putari.
quippe etenim, quorum partis et membra videmus   240
corpore nativo mortalibus esse figuris,
haec eadem ferme mortalia cernimus esse
et nativa simul. qua propter maxima mundi
cum videam membra ac partis consumpta regigni,
scire licet caeli quoque item terraeque fuisse   245
principiale aliquod tempus clademque futuram.
Illud in his rebus ne corripuisse rearis
me mihi, quod terram atque ignem mortalia sumpsi
esse neque umorem dubitavi aurasque perire
atque eadem gigni rursusque augescere dixi.   250
principio pars terrai non nulla, perusta
solibus adsiduis, multa pulsata pedum vi,
pulveris exhalat nebulam nubesque volantis,
quas validi toto dispergunt aëre venti.

pars etiam glebarum ad diluvicm revocatur   255
imbribus et ripas radentia flumina rodunt.
praeterea pro parte sua, quod cumque alit auget,
redditur; et quoniam dubio procul esse videtur
omniparens eadem rerum commune sepulcrum.
ergo terra tibi libatur et aucta recrescit.   260
Quod super est, umore novo mare flumina fontes
semper abundare et latices manare perennis
nil opus est verbis: magnus decursus aquarum
undique declarat. sed primum quicquid aquai
tollitur in summaque fit ut nihil umor abundet,   265
partim quod validi verrentes aequora venti
deminuunt radiisque retexens aetherius sol,
partim quod supter per terras diditur omnis;
percolatur enim virus retroque remanat
materies umoris et ad caput amnibus omnis   270
convenit, inde super terras fluit agmine dulci
qua via secta semel liquido pede detulit undas.
Aëra nunc igitur dicam, qui corpore toto
innumerabiliter privas mutatur in horas.
semper enim, quod cumque fluit de rebus, id omne   275
aëris in magnum fertur mare; qui nisi contra
corpora retribuat rebus recreetque fluentis,
omnia iam resoluta forent et in aëra versa.
haut igitur cessat gigni de rebus et in res
reccidere, adsidue quoniam fluere omnia constat.   280
Largus item liquidi fons luminis, aetherius sol,
inrigat adsidue caelum candore recenti
suppeditatque novo confestim lumine lumen.
nam primum quicquid fulgoris disperit ei,
quo cumque accidit. id licet hinc cognoscere possis,   285
quod simul ac primum nubes succedere soli
coepere et radios inter quasi rumpere lucis,
extemplo inferior pars horum disperit omnis
terraque inumbratur qua nimbi cumque feruntur;
ut noscas splendore novo res semper egere   290
et primum iactum fulgoris quemque perire
nec ratione alia res posse in sole videri,

perpetuo ni suppeditet lucis caput ipsum.
quin etiam nocturna tibi, terrestria quae sunt,
lumina, pendentes lychni claraeque coruscis   295
fulguribus pingues multa caligine taedae
consimili properant ratione, ardore ministro,
suppeditare novom lumen, tremere ignibus instant,
instant, nec loca lux inter quasi rupta relinquit:
usque adeo properanter ab omnibus ignibus ei   300
exitium celeri celeratur origine flammae.
sic igitur solem lunam stellasque putandum
ex alio atque alio lucem iactare subortu
et primum quicquid flammarum perdere semper,
inviolabilia haec ne credas forte vigere.   305
Denique non lapides quoque vinci cernis ab aevo,
non altas turris ruere et putrescere saxa,
non delubra deum simulacraque fessa fatisci
nec sanctum numen fati protollere finis
posse neque adversus naturae foedera niti?   310
denique non monimenta virum dilapsa videmus,
quaerere proporro, sibi cumque senescere credas,
non ruere avolsos silices a montibus altis
nec validas aevi viris perferre patique
finiti? neque enim caderent avolsa repente,   315
ex infinito quae tempore pertolerassent
omnia tormenta aetatis, privata fragore.
Denique iam tuere hoc, circum supraque quod omne
continet amplexu terram: si procreat ex se
omnia, quod quidam memorant, recipitque perempta,   320
totum nativum mortali corpore constat.
nam quod cumque alias ex se res auget alitque,
deminui debet, recreari, cum recipit res.
Praeterea si nulla fuit genitalis origo
terrarum et caeli semperque aeterna fuere,   325
cur supera bellum Thebanum et funera Troiae
non alias alii quoque res cecinere poëtae?
quo tot facta virum totiens cecidere neque usquam
aeternis famae monimentis insita florent?
verum, ut opinor, habet novitatem summa recensque   330

naturast mundi neque pridem exordia cepit.
quare etiam quaedam nunc artes expoliuntur,
nunc etiam augescunt; nunc addita navigiis sunt
multa, modo organici melicos peperere sonores,
denique natura haec rerum ratioque repertast   335
nuper, et hanc primus cum primis ipse repertus
nunc ego sum in patrias qui possim vertere voces.
Quod si forte fuisse ante hac eadem omnia credis,
sed periise hominum torrenti saecla vapore,
aut cecidisse urbis magno vexamine mundi,   340
aut ex imbribus adsiduis exisse rapaces
per terras amnes atque oppida coperuisse.
tanto quique magis victus fateare necessest
exitium quoque terrarum caelique futurum;
nam cum res tantis morbis tantisque periclis   345
temptarentur, ibi si tristior incubuisset
causa, darent late cladem magnasque ruinas.
nec ratione alia mortales esse videmur,
inter nos nisi quod morbis aegrescimus isdem
atque illi quos a vita natura removit.   350
Praeterea quae cumque manent aeterna necessust
aut, quia sunt solido cum corpore, respuere ictus
nec penetrare pati sibi quicquam quod queat artas
dissociare intus partis, ut materiai
corpora sunt, quorum naturam ostendimus ante,   355
aut ideo durare aetatem posse per omnem,
plagarum quia sunt expertia, sicut inane est,
quod manet intactum neque ab ictu fungitur hilum,
aut etiam quia nulla loci sit copia circum,
quo quasi res possint discedere dissoluique,   360
sicut summarum summa est aeterna, neque extra
qui locus est quo dissiliant neque corpora sunt quae
possint incidere et valida dissolvere plaga.
at neque, uti docui, solido cum corpore mundi
naturast, quoniam admixtumst in rebus inane,   365
nec tamen est ut inane, neque autem corpora desunt,
ex infinito quae possint forte coorta
corruere hanc rerum violento turbine summam

aut aliam quamvis cladem inportare pericli,
nec porro natura loci spatiumque profundi   370
deficit, exspargi quo possint moenia mundi,
aut alia quavis possunt vi pulsa perire.
haut igitur leti praeclusa est ianua caelo
nec soli terraeque neque altis aequoris undis,
sed patet immani et vasto respectat hiatu.   375
quare etiam nativa necessumst confiteare
haec eadem; neque enim, mortali corpore quae sunt,
ex infinito iam tempore adhuc potuissent
inmensi validas aevi contemnere vires.
Denique tantopere inter se cum maxima mundi   380
pugnent membra, pio nequaquam concita bello,
nonne vides aliquam longi certaminis ollis
posse dari finem, vel cum sol et vapor omnis
omnibus epotis umoribus exsuperarint?
quod facere intendunt, neque adhuc conata patrantur;   385
tantum suppeditant amnes ultraque minantur
omnia diluviare ex alto gurgite ponti:
ne quiquam, quoniam verrentes aequora venti
deminuunt radiisque retexens aetherius sol,
et siccare prius confidunt omnia posse   390
quam liquor incepti possit contingere finem.
tantum spirantes aequo certamine bellum
magnis inter se de rebus cernere certant,
cum semel interea fuerit superantior ignis
et semel, ut fama est, umor regnarit in arvis.   395
ignis enim superavit et ambiens multa perussit,
avia cum Phaethonta rapax vis solis equorum
aethere raptavit toto terrasque per omnis.
at pater omnipotens ira tum percitus acri
magnanimum Phaethonta repenti fulminis ictu   400
deturbavit equis in terram, Solque cadenti
obvius aeternam succepit lampada mundi
disiectosque redegit equos iunxitque trementis,
inde suum per iter recreavit cuncta gubernans,
scilicet ut veteres Graium cecinere poëtae.   405
quod procul a vera nimis est ratione repulsum.

ignis enim superare potest ubi materiai
ex infinito sunt corpora plura coorta;
inde cadunt vires aliqua ratione revictae,
aut pereunt res exustae torrentibus auris.   410
umor item quondam coepit superare coortus,
ut fama est, hominum vitas quando obruit undis;
inde ubi vis aliqua ratione aversa recessit,
ex infinito fuerat quae cumque coorta,
constiterunt imbres et flumina vim minuerunt.   415
Sed quibus ille modis coniectus materiai
fundarit terram et caelum pontique profunda,
solis lunai cursus, ex ordine ponam.
nam certe neque consilio primordia rerum
ordine se suo quaeque sagaci mente locarunt   420
nec quos quaeque darent motus pepigere profecto;
sed quia multa modis multis primordia rerum
ex infinito iam tempore percita plagis
ponderibusque suis consuerunt concita ferri
omnimodisque coire atque omnia pertemptare,   425
quae cumque inter se possent congressa creare,
propterea fit uti magnum volgata per aevom
omnigenus coetus et motus experiundo
tandem conveniant ea quae coniecta repente
magnarum rerum fiunt exordia saepe,   430
terrai maris et caeli generisque animantum.
Hic neque tum solis rota cerni lumine largo
altivolans poterat nec magni sidera mundi
nec mare nec caelum nec denique terra neque aër
nec similis nostris rebus res ulla videri,   435
sed nova tempestas quaedam molesque coorta.
diffugere inde loci partes coepere paresque
cum paribus iungi res et discludere mundum
membraque dividere et magnas disponere partes
omnigenis e principiis, discordia quorum   440
intervalla vias conexus pondera plagas
concursus motus turbabat proelia miscens
propter dissimilis formas variasque figuras,
quod non omnia sic poterant coniuncta manere

nec motus inter sese dare convenientis, 445
hoc est, a terris altum secernere caelum,
et sorsum mare, uti secreto umore pateret,
seorsus item puri secretique aetheris ignes.
Quippe etenim primum terrai corpora quaeque,
propterea quod erant gravia et perplexa, coibant 450
in medio atque imas capiebant omnia sedes;
quae quanto magis inter se perplexa coibant,
tam magis expressere ea quae mare sidera solem
lunamque efficerent et magni moenia mundi;
omnia enim magis haec e levibus atque rutundis 455
seminibus multoque minoribus sunt elementis
quam tellus. ideo per rara foramina terrae
partibus erumpens primus se sustulit aether
ignifer et multos secum levis abstulit ignis,
non alia longe ratione ac saepe videmus, 460
aurea cum primum gemmantis rore per herbas
matutina rubent radiati lumina solis
exhalantque lacus nebulam fluviique perennes
ipsaque ut inter dum tellus fumare videtur;
omnia quae sursum cum conciliantur, in alto 465
corpore concreto subtexunt nubila caelum.
sic igitur tum se levis ac diffusilis aether
corpore concreto circum datus undique saepsit
et late diffusus in omnis undique partis
omnia sic avido complexu cetera saepsit. 470
hunc exordia sunt solis lunaeque secuta,
interutrasque globi quorum vertuntur in auris;
quae neque terra sibi adscivit nec maximus aether,
quod neque tam fuerunt gravia ut depressa sederent,
nec levia ut possent per summas labier oras, 475
et tamen interutrasque ita sunt, ut corpora viva
versent et partes ut mundi totius extent;
quod genus in nobis quaedam licet in statione
membra manere, tamen cum sint ea quae moveantur.
his igitur rebus retractis terra repente, 480
maxuma qua nunc se ponti plaga caerula tendit,
succidit et salso suffudit gurgite fossas.

inque dies quanto circum magis aetheris aestus
et radii solis cogebant undique terram
verberibus crebris extrema ad limina fartam   485
in medio ut propulsa suo condensa coiret,
tam magis expressus salsus de corpore sudor
augebat mare manando camposque natantis,
et tanto magis illa foras elapsa volabant
corpora multa vaporis et aëris altaque caeli   490
densabant procul a terris fulgentia templa.
sidebant campi, crescebant montibus altis
ascensus; neque enim poterant subsidere saxa
nec pariter tantundem omnes succumbere partis.
Sic igitur terrae concreto corpore pondus   495
constitit atque omnis mundi quasi limus in imum
confluxit gravis et subsedit funditus ut faex;
inde mare, inde aër, inde aether ignifer ipse
corporibus liquidis sunt omnia pura relicta
et leviora aliis alia, et liquidissimus aether   500
atque levissimus aërias super influit auras
nec liquidum corpus turbantibus aëris auris
commiscet; sinit haec violentis omnia verti
turbinibus, sinit incertis turbare procellis,
ipse suos ignis certo fert impete labens.   505
nam modice fluere atque uno posse aethera nisu
significat Pontos, mare certo quod fluit aestu
unum labendi conservans usque tenorem.
Motibus astrorum nunc quae sit causa canamus.
principio magnus caeli si vortitur orbis,   510
ex utraque polum parti premere aëra nobis
dicendum est extraque tenere et claudere utrimque;
inde alium supra fluere atque intendere eodem
quo volvenda micant aeterni sidera mundi;
aut alium supter, contra qui subvehat orbem,   515
ut fluvios versare rotas atque austra videmus.
est etiam quoque uti possit caelum omne manere
in statione, tamen cum lucida signa ferantur,
sive quod inclusi rapidi sunt aetheris aestus
quaerentesque viam circum versantur et ignes   520

passim per caeli volvunt summania templa,
sive aliunde fluens alicunde extrinsecus aër
versat agens ignis, sive ipsi serpere possunt,
quo cuiusque cibus vocat atque invitat euntis,
flammea per caelum pascentis corpora passim.   525
nam quid in hoc mundo sit eorum ponere certum
difficilest; sed quid possit fiatque per omne
in variis mundis varia ratione creatis,
id doceo plurisque sequor disponere causas,
motibus astrorum quae possint esse per omne;   530
e quibus una tamen sit et haec quoque causa necessest,
quae vegeat motum signis; sed quae sit earum
praecipere haud quaquamst pedetemptim progredientis.
Terraque ut in media mundi regione quiescat,
evanescere paulatim et decrescere pondus   535
convenit atque aliam naturam supter habere
ex ineunte aevo coniunctam atque uniter aptam
partibus aëriis mundi, quibus insita vivit.
propterea non est oneri neque deprimit auras,
ut sua cuique homini nullo sunt pondere membra   540
nec caput est oneri collo nec denique totum
corporis in pedibus pondus sentimus inesse;
at quae cumque foris veniunt inpostaque nobis
pondera sunt laedunt, permulto saepe minora.
usque adeo magni refert quid quaeque queat res.   545
sic igitur tellus non est aliena repente
allata atque auris aliunde obiecta alienis,
sed pariter prima concepta ab origine mundi
certaque pars eius, quasi nobis membra videntur.
Praeterea grandi tonitru concussa repente   550
terra supra quae se sunt concutit omnia motu;
quod facere haut ulla posset ratione, nisi esset
partibus aëriis mundi caeloque revincta;
nam communibus inter se radicibus haerent
ex ineunte aevo coniuncta atque uniter aucta.   555
Nonne vides etiam quam magno pondere nobis
sustineat corpus tenuissima vis animai,
propterea quia tam coniuncta atque uniter apta est?

Denique iam saltu pernici tollere corpus
quid potis est nisi vis animae, quae membra gubernat?   560
iamne vides quantum tenuis natura valere
possit, ubi est coniuncta gravi cum corpore, ut aër
coniunctus terris et nobis est animi vis?
Nec nimio solis maior rota nec minor ardor
esse potest, nostris quam sensibus esse videtur.   565
nam quibus e spatiis cumque ignes lumina possunt
adiicere et calidum membris adflare vaporem,
nil magnis intervallis de corpore libant
flammarum, nihil ad speciem est contractior ignis.
proinde, calor quoniam solis lumenque profusum   570
perveniunt nostros ad sensus et loca fulgent,
forma quoque hinc solis debet filumque videri,
nil adeo ut possis plus aut minus addere vere.
perveniunt nostros ad sensus et loca fulgent
lunaque sive notho fertur loca lumine lustrans,   575
sive suam proprio iactat de corpore lucem,
quidquid id est, nihilo fertur maiore figura
quam, nostris oculis qua cernimus, esse videtur.
nam prius omnia, quae longe semota tuemur
aëra per multum, specie confusa videntur   580
quam minui filum. quapropter luna necesse est,
quandoquidem claram speciem certamque figuram
praebet, ut est oris extremis cumque notata,
quanta quoquest, tanta hinc nobis videatur in alto.
postremo quos cumque vides hinc aetheris ignes,   585
scire licet perquam pauxillo posse minores
esse vel exigua maioris parte brevique.
quandoquidem quos cumque in terris cernimus ignes,
dum tremor et clarus dum cernitur ardor eorum,
perparvom quiddam inter dum mutare videntur   590
alteram utram in partem filum, quo longius absunt.
Illud item non est mirandum, qua ratione
tantulus ille queat tantum sol mittere lumen,
quod maria ac terras omnis caelumque rigando
compleat et calido perfundat cuncta vapore.   595
quanta quoquest tanta hinc nobis videatur in alto

nam licet hinc mundi patefactum totius unum
largifluum fontem scatere atque erumpere lumen,
ex omni mundo quia sic elementa vaporis
undique conveniunt et sic coniectus eorum   600
confluit, ex uno capite hic ut profluat ardor.
nonne vides etiam quam late parvus aquai
prata riget fons inter dum campisque redundet?
est etiam quoque uti non magno solis ab igni
aëra percipiat calidis fervoribus ardor,   605
opportunus ita est si forte et idoneus aër,
ut queat accendi parvis ardoribus ictus;
quod genus inter dum segetes stipulamque videmus
accidere ex una scintilla incendia passim.
forsitan et rosea sol alte lampade lucens   610
possideat multum caecis fervoribus ignem
circum se, nullo qui sit fulgore notatus,
aestifer ut tantum radiorum exaugeat ictum.
Nec ratio solis simplex et recta patescit,
quo pacto aestivis e partibus aegocerotis   615
brumalis adeat flexus atque inde revertens
canceris ut vertat metas ad solstitialis,
lunaque mensibus id spatium videatur obire,
annua sol in quo consumit tempora cursu.
non, inquam, simplex his rebus reddita causast.   620
nam fieri vel cum primis id posse videtur,
Democriti quod sancta viri sententia ponit,
quanto quaeque magis sint terram sidera propter,
tanto posse minus cum caeli turbine ferri;
evanescere enim rapidas illius et acris   625
imminui supter viris, ideoque relinqui
paulatim solem cum posterioribus signis,
inferior multo quod sit quam fervida signa.
et magis hoc lunam: quanto demissior eius
cursus abest procul a caelo terrisque propinquat,   630
tanto posse minus cum signis tendere cursum.
flaccidiore etiam quanto iam turbine fertur
inferior quam sol, tanto magis omnia signa
hanc adipiscuntur circum praeterque feruntur.

propterea fit ut haec ad signum quodque reverti   635
mobilius videatur, ad hanc quia signa revisunt.
fit quoque ut e mundi transversis partibus aër
alternis certo fluere alter tempore possit,
qui queat aestivis solem detrudere signis
brumalis usque ad flexus gelidumque rigorem,   640
et qui reiciat gelidis a frigoris umbris
aestiferas usque in partis et fervida signa.
et ratione pari lunam stellasque putandumst,
quae volvunt magnos in magnis orbibus annos,
aëribus posse alternis e partibus ire.   645
nonne vides etiam diversis nubila ventis
diversas ire in partis inferna supernis?
qui minus illa queant per magnos aetheris orbis
aestibus inter se diversis sidera ferri?
At nox obruit ingenti caligine terras,   650
aut ubi de longo cursu sol ultima caeli
impulit atque suos efflavit languidus ignis
concussos itere et labefactos aëre multo,
aut quia sub terras cursum convortere cogit
vis eadem, supra quae terras pertulit orbem.   655
Tempore item certo roseam Matuta per oras
aetheris auroram differt et lumina pandit,
aut quia sol idem, sub terras ille revertens,
anticipat caelum radiis accendere temptans,
aut quia conveniunt ignes et semina multa   660
confluere ardoris consuerunt tempore certo,
quae faciunt solis nova semper lumina gigni;
quod genus Idaeis fama est e montibus altis
dispersos ignis orienti lumine cerni,
inde coire globum quasi in unum et conficere orbem.   665
nec tamen illud in his rebus mirabile debet
esse, quod haec ignis tam certo tempore possint
semina confluere et solis reparare nitorem.
multa videmus enim, certo quae tempore fiunt
omnibus in rebus. florescunt tempore certo   670
arbusta et certo dimittunt tempore florem.
nec minus in certo dentes cadere imperat aetas

tempore et inpubem molli pubescere veste
et pariter mollem malis demittere barbam.
fulmina postremo nix imbres nubila venti   675
non nimis incertis fiunt in partibus anni.
namque ubi sic fuerunt causarum exordia prima
atque ita res mundi cecidere ab origine prima,
conseque quoque iam redeunt ex ordine certo.
Crescere itemque dies licet et tabescere noctes,   680
et minui luces, cum sumant augmina noctis,
aut quia sol idem sub terras atque superne
imparibus currens amfractibus aetheris oras
partit et in partis non aequas dividit orbem,
et quod ab alterutra detraxit parte, reponit   685
eius in adversa tanto plus parte relatus,
donec ad id signum caeli pervenit, ubi anni
nodus nocturnas exaequat lucibus umbras;
nam medio cursu flatus aquilonis et austri
distinet aequato caelum discrimine metas   690
propter signiferi posituram totius orbis,
annua sol in quo concludit tempora serpens,
obliquo terras et caelum lumine lustrans,
ut ratio declarat eorum qui loca caeli
omnia dispositis signis ornata notarunt.   695
aut quia crassior est certis in partibus aër,
sub terris ideo tremulum iubar haesitat ignis
nec penetrare potest facile atque emergere ad ortus;
propterea noctes hiberno tempore longae
cessant, dum veniat radiatum insigne diei.   700
aut etiam, quia sic alternis partibus anni
tardius et citius consuerunt confluere ignes,
qui faciunt solem certa de surgere parte,
propterea fit uti videantur dicere verum.
Luna potest solis radiis percussa nitere   705
inque dies magis id lumen convertere nobis
ad speciem, quantum solis secedit ab orbi,
donique eum contra pleno bene lumine fulsit
atque oriens obitus eius super edita vidit;
inde minutatim retro quasi condere lumen   710

debet item, quanto propius iam solis ad ignem
labitur ex alia signorum parte per orbem;
ut faciunt, lunam qui fingunt esse pilai
consimilem cursusque viam sub sole tenere.
est etiam quare proprio cum lumine possit   715
volvier et varias splendoris reddere formas;
corpus enim licet esse aliud, quod fertur et una
labitur omnimodis occursans officiensque,
nec potis est cerni, quia cassum lumine fertur.
versarique potest, globus ut, si forte, pilai   720
dimidia ex parti candenti lumine tinctus,
versandoque globum variantis edere formas,
donique eam partem, quae cumque est ignibus aucta,
ad speciem vertit nobis oculosque patentis;
inde minutatim retro contorquet et aufert   725
luciferam partem glomeraminis atque pilai;
ut Babylonica Chaldaeum doctrina refutans
astrologorum artem contra convincere tendit,
proinde quasi id fieri nequeat quod pugnat uterque
aut minus hoc illo sit cur amplectier ausis.   730
denique cur nequeat semper nova luna creari
ordine formarum certo certisque figuris
inque dies privos aborisci quaeque creata
atque alia illius reparari in parte locoque,
difficilest ratione docere et vincere verbis,   735
ordine cum videas tam certo multa creari.
it Ver et Venus et Veneris praenuntius ante
pennatus graditur, Zephyri vestigia propter
Flora quibus mater praespargens ante viai
cuncta coloribus egregiis et odoribus opplet.   740
inde loci sequitur Calor aridus et comes una
pulverulenta Ceres et etesia flabra aquilonum.
inde Autumnus adit, graditur simul Euhius Euan.
inde aliae tempestates ventique secuntur,
altitonans Volturnus et Auster fulmine pollens.   745
tandem Bruma nives adfert pigrumque rigorem
reddit. Hiemps sequitur crepitans hanc dentibus algu.
quo minus est mirum, si certo tempore luna

gignitur et certo deletur tempore rusus,
cum fieri possint tam certo tempore multa.　　　　　750
Solis item quoque defectus lunaeque latebras
pluribus e causis fieri tibi posse putandumst.
nam cur luna queat terram secludere solis
lumine et a terris altum caput obstruere ei,
obiciens caecum radiis ardentibus orbem,　　　　　755
tempore eodem aliut facere id non posse putetur
corpus, quod cassum labatur lumine semper?
solque suos etiam dimittere languidus ignis
tempore cur certo nequeat recreareque lumen,
cum loca praeteriit flammis infesta per auras,　　　760
quae faciunt ignis interstingui atque perire?
et cur terra queat lunam spoliare vicissim
lumine et oppressum solem super ipsa tenere,
menstrua dum rigidas coni perlabitur umbras,
tempore eodem aliud nequeat succurrere lunae　　765
corpus vel supra solis perlabier orbem,
quod radios inter rumpat lumenque profusum?
et tamen ipsa suo si fulget luna nitore,
cur nequeat certa mundi languescere parte,
dum loca luminibus propriis inimica per exit?　　770
menstrua dum rigidas coni perlabitur umbras.
Quod superest, quoniam magni per caerula mundi
qua fieri quicquid posset ratione resolvi,
solis uti varios cursus lunaeque meatus
noscere possemus quae vis et causa cieret,　　　775
quove modo possent offecto lumine obire
et neque opinantis tenebris obducere terras,
cum quasi conivent et aperto lumine rursum
omnia convisunt clara loca candida luce,
nunc redeo ad mundi novitatem et mollia terrae　780
arva, novo fetu quid primum in luminis oras
tollere et incertis crerint committere ventis.
Principio genus herbarum viridemque nitorem
terra dedit circum collis camposque per omnis,
florida fulserunt viridanti prata colore,　　　　785
arboribusque datumst variis exinde per auras

crescendi magnum inmissis certamen habenis.
ut pluma atque pili primum saetaeque creantur
quadripedum membris et corpore pennipotentum,
sic nova tum tellus herbas virgultaque primum   790
sustulit, inde loci mortalia saecla creavit
multa modis multis varia ratione coorta.
nam neque de caelo cecidisse animalia possunt,
nec terrestria de salsis exisse lacunis.
linquitur ut merito maternum nomen adepta   795
terra sit, e terra quoniam sunt cuncta creata.
multaque nunc etiam existunt animalia terris
imbribus et calido solis concreta vapore;
quo minus est mirum, si tum sunt plura coorta
et maiora, nova tellure atque aethere adulta.   800
principio genus alituum variaeque volucres
ova relinquebant exclusae tempore verno,
folliculos ut nunc teretis aestate cicadae
lincunt sponte sua victum vitamque petentes.
tum tibi terra dedit primum mortalia saecla.   805
multus enim calor atque umor superabat in arvis.
hoc ubi quaeque loci regio opportuna dabatur,
crescebant uteri terram radicibus apti;
quos ubi tempore maturo pate fecerat aetas
infantum, fugiens umorem aurasque petessens,   810
convertebat ibi natura foramina terrae
et sucum venis cogebat fundere apertis
consimilem lactis, sicut nunc femina quaeque
cum peperit, dulci repletur lacte, quod omnis
impetus in mammas convertitur ille alimenti.   815
terra cibum pueris, vestem vapor, herba cubile
praebebat multa et molli lanugine abundans.
at novitas mundi nec frigora dura ciebat
nec nimios aestus nec magnis viribus auras.
omnia enim pariter crescunt et robora sumunt.   820
Quare etiam atque etiam maternum nomen adepta
terra tenet merito, quoniam genus ipsa creavit
humanum atque animal prope certo tempore fudit
omne quod in magnis bacchatur montibus passim,

aëriasque simul volucres variantibus formis.   825
sed quia finem aliquam pariendi debet habere,
destitit, ut mulier spatio defessa vetusto.
mutat enim mundi naturam totius aetas
ex alioque alius status excipere omnia debet
nec manet ulla sui similis res: omnia migrant,   830
omnia commutat natura et vertere cogit.
namque aliud putrescit et aevo debile languet,
porro aliud succrescit et e contemptibus exit.
sic igitur mundi naturam totius aetas
mutat, et ex alio terram status excipit alter,   835
quod potuit nequeat, possit quod non tulit ante.
Multaque tum tellus etiam portenta creare
conatast mira facie membrisque coorta,
androgynem, interutras necutrumque utrimque remotum,
orba pedum partim, manuum viduata vicissim,   840
muta sine ore etiam, sine voltu caeca reperta,
vinctaque membrorum per totum corpus adhaesu,
nec facere ut possent quicquam nec cedere quoquam
nec vitare malum nec sumere quod volet usus.
cetera de genere hoc monstra ac portenta creabat,   845
ne quiquam, quoniam natura absterruit auctum
nec potuere cupitum aetatis tangere florem
nec reperire cibum nec iungi per Veneris res.
multa videmus enim rebus concurrere debere,
ut propagando possint procudere saecla;   850
pabula primum ut sint, genitalia deinde per artus
semina qua possint membris manare remissis,
feminaque ut maribus coniungi possit, habere,
mutua qui mutent inter se gaudia uterque.
Multaque tum interiisse animantum saecla necessest   855
nec potuisse propagando procudere prolem.
nam quae cumque vides vesci vitalibus auris,
aut dolus aut virtus aut denique mobilitas est
ex ineunte aevo genus id tutaTA reservans.
multaque sunt, nobis ex utilitate sua quae   860
commendata manent, tutelae tradita nostrae.
principio genus acre leonum saevaque saecla

tutatast virtus, volpes dolus et fuga cervos.
at levisomna canum fido cum pectore corda,
et genus omne quod est veterino semine partum   865
lanigeraeque simul pecudes et bucera saecla
omnia sunt hominum tutelae tradita, Memmi;
nam cupide fugere feras pacemque secuta
sunt et larga suo sine pabula parta labore,
quae damus utilitatis eorum praemia causa.   870
at quis nil horum tribuit natura, nec ipsa
sponte sua possent ut vivere nec dare nobis
utilitatem aliquam, quare pateremur eorum
praesidio nostro pasci genus esseque tutum,
scilicet haec aliis praedae lucroque iacebant   875
indupedita suis fatalibus omnia vinclis,
donec ad interitum genus id natura redegit.
Sed neque Centauri fuerunt nec tempore in ullo
esse queunt duplici natura et corpore bino
ex alienigenis membris compacta, potestas   880
hinc illinc partis ut sat par esse potissit.
id licet hinc quamvis hebeti cognoscere corde.
principio circum tribus actis impiger annis
floret equus, puer haut quaquam; nam saepe etiam nunc
ubera mammarum in somnis lactantia quaeret.   885
post ubi equum validae vires aetate senecta
membraque deficiunt fugienti languida vita,
tum demum puerili aevo florenta iuventas
officit et molli vestit lanugine malas;
ne forte ex homine et veterino semine equorum   890
confieri credas Centauros posse neque esse,
aut rapidis canibus succinctas semimarinis
corporibus Scyllas et cetera de genere horum,
inter se quorum discordia membra videmus;
quae neque florescunt pariter nec robora sumunt   895
corporibus neque proiciunt aetate senecta
nec simili Venere ardescunt nec moribus unis
conveniunt neque sunt eadem iucunda per artus.
quippe videre licet pinguescere saepe cicuta
barbigeras pecudes, homini quae est acre venenum.   900

flamma quidem vero cum corpora fulva leonum
tam soleat torrere atque urere quam genus omne
visceris in terris quod cumque et sanguinis extet,
qui fieri potuit, triplici cum corpore ut una,
prima leo, postrema draco, media ipsa, Chimaera   905
ore foras acrem flaret de corpore flammam?
quare etiam tellure nova caeloque recenti
talia qui fingit potuisse animalia gigni,
nixus in hoc uno novitatis nomine inani,
multa licet simili ratione effutiat ore,   910
aurea tum dicat per terras flumina vulgo
fluxisse et gemmis florere arbusta suësse
aut hominem tanto membrorum esse impete natum,
trans maria alta pedum nisus ut ponere posset
et manibus totum circum se vertere caelum.   915
nam quod multa fuere in terris semina rerum,
tempore quo primum tellus animalia fudit,
nil tamen est signi mixtas potuisse creari
inter se pecudes compactaque membra animantum,
propterea quia quae de terris nunc quoque abundant   920
herbarum genera ac fruges arbustaque laeta
non tamen inter se possunt complexa creari,
sed res quaeque suo ritu procedit et omnes
foedere naturae certo discrimina servant.
Et genus humanum multo fuit illud in arvis   925
durius, ut decuit, tellus quod dura creasset,
et maioribus et solidis magis ossibus intus
fundatum, validis aptum per viscera nervis,
nec facile ex aestu nec frigore quod caperetur
nec novitate cibi nec labi corporis ulla.   930
multaque per caelum solis volventia lustra
volgivago vitam tractabant more ferarum.
nec robustus erat curvi moderator aratri
quisquam, nec scibat ferro molirier arva
nec nova defodere in terram virgulta neque altis   935
arboribus veteres decidere falcibus ramos.
quod sol atque imbres dederant, quod terra crearat
sponte sua, satis id placabat pectora donum.

glandiferas inter curabant corpora quercus
plerumque; et quae nunc hiberno tempore cernis   940
arbita puniceo fieri matura colore,
plurima tum tellus etiam maiora ferebat.
multaque praeterea novitas tum florida mundi
pabula dura tulit, miseris mortalibus ampla.
at sedare sitim fluvii fontesque vocabant,   945
ut nunc montibus e magnis decursus aquai
claricitat late sitientia saecla ferarum.
denique nota vagis silvestria templa tenebant
nympharum, quibus e scibant umore fluenta
lubrica proluvie larga lavere umida saxa,   950
umida saxa, super viridi stillantia musco,
et partim plano scatere atque erumpere campo.
necdum res igni scibant tractare neque uti
pellibus et spoliis corpus vestire ferarum,
sed nemora atque cavos montis silvasque colebant   955
et frutices inter condebant squalida membra
verbera ventorum vitare imbrisque coacti.
nec commune bonum poterant spectare neque ullis
moribus inter se scibant nec legibus uti.
quod cuique obtulerat praedae fortuna, ferebat   960
sponte sua sibi quisque valere et vivere doctus.
et Venus in silvis iungebat corpora amantum;
conciliabat enim vel mutua quamque cupido
vel violenta viri vis atque inpensa libido
vel pretium, glandes atque arbita vel pira lecta.   965
et manuum mira freti virtute pedumque
consectabantur silvestria saecla ferarum
missilibus saxis et magno pondere clavae.
multaque vincebant, vitabant pauca latebris;
saetigerisque pares subus silvestria membra   970
nuda dabant terrae nocturno tempore capti,
circum se foliis ac frondibus involventes.
nec plangore diem magno solemque per agros
quaerebant pavidi palantes noctis in umbris,
sed taciti respectabant somnoque sepulti,   975
dum rosea face sol inferret lumina caelo.

a parvis quod enim consuerant cernere semper
alterno tenebras et lucem tempore gigni,
non erat ut fieri posset mirarier umquam
nec diffidere, ne terras aeterna teneret   980
nox in perpetuum detracto lumine solis.
sed magis illud erat curae, quod saecla ferarum
infestam miseris faciebant saepe quietem.
eiectique domo fugiebant saxea tecta
spumigeri suis adventu validique leonis   985
atque intempesta cedebant nocte paventes
hospitibus saevis instrata cubilia fronde.
Nec nimio tum plus quam nunc mortalia saecla
dulcia linquebant lamentis lumina vitae.
unus enim tum quisque magis deprensus eorum   990
pabula viva feris praebebat, dentibus haustus,
et nemora ac montis gemitu silvasque replebat
viva videns vivo sepeliri viscera busto.
at quos effugium servarat corpore adeso,
posterius tremulas super ulcera tetra tenentes   995
palmas horriferis accibant vocibus Orcum,
donique eos vita privarant vermina saeva
expertis opis, ignaros quid volnera vellent.
at non multa virum sub signis milia ducta
una dies dabat exitio nec turbida ponti   1000
aequora lidebant navis ad saxa virosque.
nam temere in cassum frustra mare saepe coortum
saevibat leviterque minas ponebat inanis,
nec poterat quemquam placidi pellacia ponti
subdola pellicere in fraudem ridentibus undis.   1005
improba navigii ratio tum caeca iacebat.
tum penuria deinde cibi languentia leto
membra dabat, contra nunc rerum copia mersat.
illi inprudentes ipsi sibi saepe venenum
vergebant, nunc dant aliis sollertius ipsi.   1010
Inde casas postquam ac pellis ignemque pararunt
et mulier coniuncta viro concessit in unum
*

cognita sunt, prolemque ex se videre creatam,

tum genus humanum primum mollescere coepit.
ignis enim curavit, ut alsia corpora frigus   1015
non ita iam possent caeli sub tegmine ferre,
et Venus inminuit viris puerique parentum
blanditiis facile ingenium fregere superbum.
tunc et amicitiem coeperunt iungere aventes
finitimi inter se nec laedere nec violari,   1020
et pueros commendarunt muliebreque saeclum,
vocibus et gestu cum balbe significarent
imbecillorum esse aequum misererier omnis.
nec tamen omnimodis poterat concordia gigni,
sed bona magnaque pars servabat foedera caste;   1025
aut genus humanum iam tum foret omne peremptum
nec potuisset adhuc perducere saecla propago.
At varios linguae sonitus natura subegit
mittere et utilitas expressit nomina rerum,
non alia longe ratione atque ipsa videtur   1030
protrahere ad gestum pueros infantia linguae,
cum facit ut digito quae sint praesentia monstrent.
sentit enim vim quisque suam quod possit abuti.
cornua nata prius vitulo quam frontibus extent,
illis iratus petit atque infestus inurget.   1035
at catuli pantherarum scymnique leonum
unguibus ac pedibus iam tum morsuque repugnant,
vix etiam cum sunt dentes unguesque creati.
alituum porro genus alis omne videmus
fidere et a pennis tremulum petere auxiliatum.   1040
proinde putare aliquem tum nomina distribuisse
rebus et inde homines didicisse vocabula prima,
desiperest. nam cur hic posset cuncta notare
vocibus et varios sonitus emittere linguae,
tempore eodem alii facere id non quisse putentur?   1045
praeterea si non alii quoque vocibus usi
inter se fuerant, unde insita notities est
utilitatis et unde data est huic prima potestas,
quid vellet facere ut sciret animoque videret?
cogere item pluris unus victosque domare   1050
non poterat, rerum ut perdiscere nomina vellent.

nec ratione docere ulla suadereque surdis,
quid sit opus facto, facilest; neque enim paterentur
nec ratione ulla sibi ferrent amplius auris
vocis inauditos sonitus obtundere frustra.   1055
postremo quid in hac mirabile tantoperest re,
si genus humanum, cui vox et lingua vigeret,
pro vario sensu varia res voce notaret?
cum pecudes mutae, cum denique saecla ferarum
dissimilis soleant voces variasque ciere,   1060
cum metus aut dolor est et cum iam gaudia gliscunt.
quippe etenim licet id rebus cognoscere apertis.
inritata canum cum primum magna Molossum
mollia ricta fremunt duros nudantia dentes,
longe alio sonitu rabies restricta minatur,   1065
et cum iam latrant et vocibus omnia complent;
at catulos blande cum lingua lambere temptant
aut ubi eos lactant, pedibus morsuque potentes
suspensis teneros imitantur dentibus haustus,
longe alio pacto gannitu vocis adulant,   1070
et cum deserti baubantur in aedibus, aut cum
plorantis fugiunt summisso corpore plagas.
denique non hinnitus item differre videtur,
inter equas ubi equus florenti aetate iuvencus
pinnigeri saevit calcaribus ictus Amoris   1075
et fremitum patulis sub naribus edit ad arma,
et cum sic alias concussis artibus hinnit?
postremo genus alituum variaeque volucres,
accipitres atque ossifragae mergique marinis
fluctibus in salso victum vitamque petentes,   1080
longe alias alio iaciunt in tempore voces,
et quom de victu certant praedaque repugnant.
et partim mutant cum tempestatibus una
raucisonos cantus, cornicum ut saecla vetusta
corvorumque gregis ubi aquam dicuntur et imbris   1085
poscere et inter dum ventos aurasque vocare.
ergo si varii sensus animalia cogunt,
muta tamen cum sint, varias emittere voces,
quanto mortalis magis aequumst tum potuisse

dissimilis alia atque alia res voce notare!   1090
Illud in his rebus tacitus ne forte requiras,
fulmen detulit in terram mortalibus ignem
primitus, inde omnis flammarum diditur ardor;
multa videmus enim caelestibus insita flammis
fulgere, cum caeli donavit plaga vaporis.   1095
et ramosa tamen cum ventis pulsa vacillans
aestuat in ramos incumbens arboris arbor,
exprimitur validis extritus viribus ignis,
emicat inter dum flammai fervidus ardor,
mutua dum inter se rami stirpesque teruntur.   1100
quorum utrumque dedisse potest mortalibus ignem.
inde cibum quoquere ac flammae mollire vapore
sol docuit, quoniam mitescere multa videbant
verberibus radiorum atque aestu victa per agros.
Inque dies magis hi victum vitamque priorem   1105
commutare novis monstrabant rebus et igni,
ingenio qui praestabant et corde vigebant.
condere coeperunt urbis arcemque locare
praesidium reges ipsi sibi perfugiumque,
et pecudes et agros divisere atque dedere   1110
pro facie cuiusque et viribus ingenioque;
nam facies multum valuit viresque vigebant.
posterius res inventast aurumque repertum,
quod facile et validis et pulchris dempsit honorem;
divitioris enim sectam plerumque secuntur   1115
quam lubet et fortes et pulchro corpore creti.
quod siquis vera vitam ratione gubernet,
divitiae grandes homini sunt vivere parce
aequo animo; neque enim est umquam penuria parvi.
at claros homines voluerunt se atque potentes,   1120
ut fundamento stabili fortuna maneret
et placidam possent opulenti degere vitam,
ne quiquam, quoniam ad summum succedere honorem
certantes iter infestum fecere viai,
et tamen e summo, quasi fulmen, deicit ictos   1125
invidia inter dum contemptim in Tartara taetra;
invidia quoniam ceu fulmine summa vaporant

plerumque et quae sunt aliis magis edita cumque;
ut satius multo iam sit parere quietum
quam regere imperio res velle et regna tenere.   1130
proinde sine in cassum defessi sanguine sudent,
angustum per iter luctantes ambitionis;
quandoquidem sapiunt alieno ex ore petuntque
res ex auditis potius quam sensibus ipsis,
nec magis id nunc est neque erit mox quam fuit ante.   1135
Ergo regibus occisis subversa iacebat
pristina maiestas soliorum et sceptra superba,
et capitis summi praeclarum insigne cruentum
sub pedibus vulgi magnum lugebat honorem;
nam cupide conculcatur nimis ante metutum.   1140
res itaque ad summam faecem turbasque redibat,
imperium sibi cum ac summatum quisque petebat.
inde magistratum partim docuere creare
iuraque constituere, ut vellent legibus uti.
nam genus humanum, defessum vi colere aevom,   1145
ex inimicitiis languebat; quo magis ipsum
sponte sua cecidit sub leges artaque iura.
acrius ex ira quod enim se quisque parabat
ulcisci quam nunc concessumst legibus aequis,
hanc ob rem est homines pertaesum vi colere aevom.   1150
inde metus maculat poenarum praemia vitae.
circumretit enim vis atque iniuria quemque
atque unde exortast, ad eum plerumque revertit,
nec facilest placidam ac pacatam degere vitam
qui violat factis communia foedera pacis.   1155
etsi fallit enim divom genus humanumque,
perpetuo tamen id fore clam diffidere debet;
quippe ubi se multi per somnia saepe loquentes
aut morbo delirantes protraxe ferantur
et celata mala in medium et peccata dedisse.   1160
Nunc quae causa deum per magnas numina gentis
pervulgarit et ararum compleverit urbis
suscipiendaque curarit sollemnia sacra,
quae nunc in magnis florent sacra rebus locisque,
unde etiam nunc est mortalibus insitus horror,   1165

qui delubra deum nova toto suscitat orbi
terrarum et festis cogit celebrare diebus,
non ita difficilest rationem reddere verbis.
quippe etenim iam tum divom mortalia saecla
egregias animo facies vigilante videbant   1170
et magis in somnis mirando corporis auctu.
his igitur sensum tribuebant propterea quod
membra movere videbantur vocesque superbas
mittere pro facie praeclara et viribus amplis.
aeternamque dabant vitam, quia semper eorum   1175
subpeditabatur facies et forma manebat,
et tamen omnino quod tantis viribus auctos
non temere ulla vi convinci posse putabant.
fortunisque ideo longe praestare putabant,
quod mortis timor haut quemquam vexaret eorum,   1180
et simul in somnis quia multa et mira videbant
efficere et nullum capere ipsos inde laborem.
praeterea caeli rationes ordine certo
et varia annorum cernebant tempora verti
nec poterant quibus id fieret cognoscere causis.   1185
ergo perfugium sibi habebant omnia divis
tradere et illorum nutu facere omnia flecti.
in caeloque deum sedes et templa locarunt,
per caelum volvi quia nox et luna videtur,
luna dies et nox et noctis signa severa   1190
noctivagaeque faces caeli flammaeque volantes,
nubila sol imbres nix venti fulmina grando
et rapidi fremitus et murmura magna minarum.
O genus infelix humanum, talia divis
cum tribuit facta atque iras adiunxit acerbas!   1195
quantos tum gemitus ipsi sibi, quantaque nobis
volnera, quas lacrimas peperere minoribus nostris!
nec pietas ullast velatum saepe videri
vertier ad lapidem atque omnis accedere ad aras
nec procumbere humi prostratum et pandere palmas   1200
ante deum delubra nec aras sanguine multo
spargere quadrupedum nec votis nectere vota,
sed mage pacata posse omnia mente tueri.

nam cum suspicimus magni caelestia mundi
templa super stellisque micantibus aethera fixum,   1205
et venit in mentem solis lunaeque viarum,
tunc aliis oppressa malis in pectora cura
illa quoque expergefactum caput erigere infit,
ne quae forte deum nobis inmensa potestas
sit, vario motu quae candida sidera verset;   1210
temptat enim dubiam mentem rationis egestas,
ecquae nam fuerit mundi genitalis origo,
et simul ecquae sit finis, quoad moenia mundi
et taciti motus hunc possint ferre laborem,
an divinitus aeterna donata salute   1215
perpetuo possint aevi labentia tractu
inmensi validas aevi contemnere viris.
praeterea cui non animus formidine divum
contrahitur, cui non correpunt membra pavore,
fulminis horribili cum plaga torrida tellus   1220
contremit et magnum percurrunt murmura caelum?
non populi gentesque tremunt, regesque superbi
corripiunt divum percussi membra timore,
ne quod ob admissum foede dictumve superbe
poenarum grave sit solvendi tempus adauctum?   1225
summa etiam cum vis violenti per mare venti
induperatorem classis super aequora verrit
cum validis pariter legionibus atque elephantis,
non divom pacem votis adit ac prece quaesit
ventorum pavidus paces animasque secundas?   1230
ne quiquam, quoniam violento turbine saepe
correptus nihilo fertur minus ad vada leti.
usque adeo res humanas vis abdita quaedam
opterit et pulchros fascis saevasque secures
proculcare ac ludibrio sibi habere videtur.   1235
denique sub pedibus tellus cum tota vacillat
concussaeque cadunt urbes dubiaeque minantur,
quid mirum si se temnunt mortalia saecla
atque potestatis magnas mirasque relinquunt
in rebus viris divum, quae cuncta gubernent?   1240
Quod super est, aes atque aurum ferrumque repertumst

et simul argenti pondus plumbique potestas,
ignis ubi ingentis silvas ardore cremarat
montibus in magnis, seu caelo fulmine misso,
sive quod inter se bellum silvestre gerentes   1245
hostibus intulerant ignem formidinis ergo,
sive quod inducti terrae bonitate volebant
pandere agros pinguis et pascua reddere rura,
sive feras interficere et ditescere praeda;
nam fovea atque igni prius est venarier ortum   1250
quam saepire plagis saltum canibusque ciere.
quicquid id est, qua cumque e causa flammeus ardor
horribili sonitu silvas exederat altis
a radicibus et terram percoxerat igni,
manabat venis ferventibus in loca terrae   1255
concava conveniens argenti rivus et auri,
aeris item et plumbi. quae cum concreta videbant
posterius claro in terra splendere colore,
tollebant nitido capti levique lepore,
et simili formata videbant esse figura   1260
atque lacunarum fuerant vestigia cuique.
tum penetrabat eos posse haec liquefacta calore
quamlibet in formam et faciem decurrere rerum,
et prorsum quamvis in acuta ac tenvia posse
mucronum duci fastigia procudendo,   1265
ut sibi tela parent silvasque ut caedere possint
materiemque dolare et levia radere tigna
et terebrare etiam ac pertundere perque forare.
nec minus argento facere haec auroque parabant
quam validi primum violentis viribus aeris,   1270
ne quiquam, quoniam cedebat victa potestas
nec poterant pariter durum sufferre laborem.
nam fuit in pretio magis aes aurumque iacebat
propter inutilitatem hebeti mucrone retusum;
nunc iacet aes, aurum in summum successit honorem.   1275
sic volvenda aetas commutat tempora rerum.
quod fuit in pretio, fit nullo denique honore;
porro aliud succedit et e contemptibus exit
inque dies magis adpetitur floretque repertum

laudibus et miro est mortalis inter honore. 1280
Nunc tibi quo pacto ferri natura reperta
sit facilest ipsi per te cognoscere, Memmi.
arma antiqua manus ungues dentesque fuerunt
et lapides et item silvarum fragmina rami
et flamma atque ignes, post quam sunt cognita primum. 1285
posterius ferri vis est aerisque reperta.
et prior aeris erat quam ferri cognitus usus,
quo facilis magis est natura et copia maior.
aere solum terrae tractabant, aereque belli
miscebant fluctus et vulnera vasta serebant 1290
et pecus atque agros adimebant; nam facile ollis
omnia cedebant armatis nuda et inerma.
inde minutatim processit ferreus ensis
versaque in obprobrium species est falcis ahenae,
et ferro coepere solum proscindere terrae 1295
exaequataque sunt creperi certamina belli.
et prius est armatum in equi conscendere costas
et moderarier hunc frenis dextraque vigere
quam biiugo curru belli temptare pericla.
et biiugo prius est quam bis coniungere binos 1300
et quam falciferos armatum escendere currus.
inde boves Lucas turrito corpore, tetras,
anguimanus, belli docuerunt volnera Poeni
sufferre et magnas Martis turbare catervas.
sic alid ex alio peperit discordia tristis, 1305
horribile humanis quod gentibus esset in armis,
inque dies belli terroribus addidit augmen.
Temptarunt etiam tauros in moenere belli
expertique sues saevos sunt mittere in hostis.
et validos partim prae se misere leones 1310
cum doctoribus armatis saevisque magistris,
qui moderarier his possent vinclisque tenere,
ne quiquam, quoniam permixta caede calentes
turbabant saevi nullo discrimine turmas,
terrificas capitum quatientis undique cristas, 1315
nec poterant equites fremitu perterrita equorum
pectora mulcere et frenis convertere in hostis.

inritata leae iaciebant corpora saltu
undique et adversum venientibus ora patebant
et nec opinantis a tergo deripiebant   1320
deplexaeque dabant in terram volnere victos,
morsibus adfixae validis atque unguibus uncis.
iactabantque suos tauri pedibusque terebant
et latera ac ventres hauribant supter equorum
cornibus et terram minitanti mente ruebant.   1325
et validis socios caedebant dentibus apri
tela infracta suo tinguentes sanguine saevi
in se fracta suo tinguentes sanguine tela,
permixtasque dabant equitum peditumque ruinas.
nam transversa feros exibant dentis adactus   1330
iumenta aut pedibus ventos erecta petebant,
ne quiquam, quoniam ab nervis succisa videres
concidere atque gravi terram consternere casu.
si quos ante domi domitos satis esse putabant,
effervescere cernebant in rebus agundis   1335
volneribus clamore fuga terrore tumultu,
nec poterant ullam partem redducere eorum;
diffugiebat enim varium genus omne ferarum,
ut nunc saepe boves Lucae ferro male mactae
diffugiunt, fera facta suis cum multa dedere.   1340
Sed facere id non tam vincendi spe voluerunt;
quam dare quod gemerent hostes, ipsique perire,
qui numero diffidebant armisque vacabant,
si fuit ut facerent. sed vix adducor ut ante
non quierint animo praesentire atque videre,   1345
quam commune malum fieret foedumque, futurum.
et magis id possis factum contendere in omni
in variis mundis varia ratione creatis,
quam certo atque uno terrarum quolibet orbi.
Nexilis ante fuit vestis quam textile tegmen.   1350
textile post ferrumst, quia ferro tela paratur,
nec ratione alia possunt tam levia gigni
insilia ac fusi, radii, scapique sonantes.
et facere ante viros lanam natura coëgit
quam muliebre genus; nam longe praestat in arte   1355

et sollertius est multo genus omne virile;
agricolae donec vitio vertere severi,
ut muliebribus id manibus concedere vellent
atque ipsi pariter durum sufferre laborem
atque opere in duro durarent membra manusque.　　　1360
At specimen sationis et insitionis origo
ipsa fuit rerum primum natura creatrix,
arboribus quoniam bacae glandesque caducae
tempestiva dabant pullorum examina supter;
unde etiam libitumst stirpis committere ramis　　　1365
et nova defodere in terram virgulta per agros.
inde aliam atque aliam culturam dulcis agelli
temptabant fructusque feros mansuescere terra
cernebant indulgendo blandeque colendo.
inque dies magis in montem succedere silvas　　　1370
cogebant infraque locum concedere cultis,
prata lacus rivos segetes vinetaque laeta
collibus et campis ut haberent, atque olearum
caerula distinguens inter plaga currere posset
per tumulos et convallis camposque profusa;　　　1375
ut nunc esse vides vario distincta lepore
omnia, quae pomis intersita dulcibus ornant
arbustisque tenent felicibus opsita circum.
At liquidas avium voces imitarier ore
ante fuit multo quam levia carmina cantu　　　1380
concelebrare homines possent aurisque iuvare.
et zephyri cava per calamorum sibila primum
agrestis docuere cavas inflare cicutas.
inde minutatim dulcis didicere querellas,
tibia quas fundit digitis pulsata canentum,　　　1385
avia per nemora ac silvas saltusque reperta,
per loca pastorum deserta atque otia dia.
sic unum quicquid paulatim protrahit aetas
in medium ratioque in luminis eruit oras.
haec animos ollis mulcebant atque iuvabant　　　1390
cum satiate cibi; nam tum sunt omnia cordi.
saepe itaque inter se prostrati in gramine molli
propter aquae rivom sub ramis arboris altae.

non magnis opibus iucunde corpora habebant,
praesertim cum tempestas ridebat et anni   1395
tempora pingebant viridantis floribus herbas.
tum ioca, tum sermo, tum dulces esse cachinni
consuerant; agrestis enim tum musa vigebat.
tum caput atque umeros plexis redimire coronis
floribus et foliis lascivia laeta movebat,   1400
atque extra numerum procedere membra moventes
duriter et duro terram pede pellere matrem;
unde oriebantur risus dulcesque cachinni,
omnia quod nova tum magis haec et mira vigebant.
et vigilantibus hinc aderant solacia somno   1405
ducere multimodis voces et flectere cantus
et supera calamos unco percurrere labro;
unde etiam vigiles nunc haec accepta tuentur.
et numerum servare genus didicere, neque hilo
maiore interea capiunt dulcedine fructum   1410
quam silvestre genus capiebat terrigenarum.
nam quod adest praesto, nisi quid cognovimus ante
suavius, in primis placet et pollere videtur,
posteriorque fere melior res illa reperta
perdit et immutat sensus ad pristina quaeque.   1415
sic odium coepit glandis, sic illa relicta
strata cubilia sunt herbis et frondibus aucta.
pellis item cecidit vestis contempta ferina;
quam reor invidia tali tunc esse repertam,
ut letum insidiis qui gessit primus obiret,   1420
et tamen inter eos distractam sanguine multo
disperiise neque in fructum convertere quisse.
tunc igitur pelles, nunc aurum et purpura curis
exercent hominum vitam belloque fatigant;
quo magis in nobis, ut opinor, culpa resedit.   1425
frigus enim nudos sine pellibus excruciabat
terrigenas; at nos nil laedit veste carere
purpurea atque auro signisque ingentibus apta,
dum plebeia tamen sit, quae defendere possit.
Ergo hominum genus in cassum frustraque laborat   1430
semper et in curis consumit inanibus aevom,

ni mirum quia non cognovit quae sit habendi
finis et omnino quoad crescat vera voluptas;
idque minutatim vitam provexit in altum
et belli magnos commovit funditus aestus.　　　　　　　1435
at vigiles mundi magnum versatile templum
sol et luna suo lustrantes lumine circum
perdocuere homines annorum tempora verti
et certa ratione geri rem atque ordine certo.
Iam validis saepti degebant turribus aevom,　　　　　　1440
et divisa colebatur discretaque tellus,
tum mare velivolis florebat navibus ponti,
auxilia ac socios iam pacto foedere habebant,
carminibus cum res gestas coepere poëtae
tradere; nec multo prius sunt elementa reperta.　　　　1445
propterea quid sit prius actum respicere aetas
nostra nequit, nisi qua ratio vestigia monstrat.
Navigia atque agri culturas moenia leges
arma vias vestes et cetera de genere horum,
praemia, delicias quoque vitae funditus omnis,　　　　1450
carmina, picturas et daedala signa polita
usus et impigrae simul experientia mentis
paulatim docuit pedetemptim progredientis.
sic unum quicquid paulatim protrahit aetas
in medium ratioque in luminis erigit oras;　　　　　　1455
namque alid ex alio clarescere corde videbant,
artibus ad summum donec venere cacumen.

Liber Sextus

Primae frugiparos fetus mortalibus aegris
dididerunt quondam praeclaro nomine Athenae
et recreaverunt vitam legesque rogarunt
et primae dederunt solacia dulcia vitae,
cum genuere virum tali cum corde repertum,   5
omnia veridico qui quondam ex ore profudit;
cuius et extincti propter divina reperta
divolgata vetus iam ad caelum gloria fertur.
nam cum vidit hic ad victum quae flagitat usus
omnia iam ferme mortalibus esse parata   10
et, pro quam possent, vitam consistere tutam,
divitiis homines et honore et laude potentis
affluere atque bona gnatorum excellere fama,
nec minus esse domi cuiquam tamen anxia cordi,
atque animi ingratis vitam vexare sine ulla   15
pausa atque infestis cogi saevire querellis,
intellegit ibi vitium vas efficere ipsum
omniaque illius vitio corrumpier intus,
quae conlata foris et commoda cumque venirent;
partim quod fluxum pertusumque esse videbat,   20
ut nulla posset ratione explerier umquam,
partim quod taetro quasi conspurcare sapore
omnia cernebat, quae cumque receperat, intus.
veridicis igitur purgavit pectora dictis
et finem statuit cuppedinis atque timoris   25
exposuitque bonum summum, quo tendimus omnes,

169

quid foret, atque viam monstravit, tramite parvo
qua possemus ad id recto contendere cursu,
quidve mali foret in rebus mortalibus passim,
quod fieret naturali varieque volaret   30
seu casu seu vi, quod sic natura parasset,
et quibus e portis occurri cuique deceret,
et genus humanum frustra plerumque probavit
volvere curarum tristis in pectore fluctus.
nam vel uti pueri trepidant atque omnia caecis   35
in tenebris metuunt, sic nos in luce timemus
inter dum, nihilo quae sunt metuenda magis quam
quae pueri in tenebris pavitant finguntque futura.
hunc igitur terrorem animi tenebrasque necessest
non radii solis nec lucida tela diei   40
discutiant, sed naturae species ratioque.
quo magis inceptum pergam pertexere dictis.
Et quoniam docui mundi mortalia templa
esse et nativo consistere corpore caelum,
et quae cumque in eo fiunt fierique necessest   45
pleraque dissolui, qui restant percipe porro,
quandoquidem semel insignem conscendere currum
*

tu mihi supremae praescripta ad candida callis
currenti spatium praemonstra, callida musa
Calliope, requies hominum divomque voluptas,   50
te duce ut insigni capiam cum laude coronam.
*

ventorum existant, placentur ut omnia rursum
*

quae fuerint, sint placato conversa furore.
cetera quae fieri in terris caeloque tuentur
mortales, pavidis cum pendent mentibus saepe   55
et faciunt animos humilis formidine divom
depressosque premunt ad terram propterea quod
ignorantia causarum conferre deorum
cogit ad imperium res et concedere regnum.
quorum operum causas nulla ratione videre   60
possunt ac fieri divino numine rentur.

nam bene qui didicere deos securum agere aevom,
si tamen interea mirantur qua ratione
quaeque geri possint, praesertim rebus in illis
quae supera caput aetheriis cernuntur in oris, 65
rursus in antiquas referuntur religionis
et dominos acris adsciscunt, omnia posse
quos miseri credunt, ignari quid queat esse,
quid nequeat, finita potestas denique cuique
qua nam sit ratione atque alte terminus haerens; 70
quo magis errantes caeca ratione feruntur.
quae nisi respuis ex animo longeque remittis
dis indigna putare alienaque pacis eorum,
delibata deum per te tibi numina sancta
saepe oberunt; non quo violari summa deum vis 75
possit, ut ex ira poenas petere inbibat acris,
sed quia tute tibi placida cum pace quietos
constitues magnos irarum volvere fluctus,
nec delubra deum placido cum pectore adibis,
nec de corpore quae sancto simulacra feruntur 80
in mentes hominum divinae nuntia formae,
suscipere haec animi tranquilla pace valebis.
inde videre licet qualis iam vita sequatur.
quam quidem ut a nobis ratio verissima longe
reiciat, quamquam sunt a me multa profecta, 85
multa tamen restant et sunt ornanda politis
versibus; est ratio caeliQUE ignisque tenenda,
sunt tempestates et fulmina clara canenda,
quid faciant et qua de causa cumque ferantur;
ne trepides caeli divisis partibus amens, 90
unde volans ignis pervenerit aut in utram se
verterit hinc partim, quo pacto per loca saepta
insinuarit, et hinc dominatus ut extulerit se.
quorum operum causas nulla ratione videre
possunt ac fieri divino numine rentur. 95
Principio tonitru quatiuntur caerula caeli
propterea quia concurrunt sublime volantes
aetheriae nubes contra pugnantibus ventis.
nec fit enim sonitus caeli de parte serena,

verum ubi cumque magis denso sunt agmine nubes,   100
tam magis hinc magno fremitus fit murmure saepe.
praeterea neque tam condenso corpore nubes
esse queunt quam sunt lapides ac ligna, neque autem
tam tenues quam sunt nebulae fumique volantes;
nam cadere aut bruto deberent pondere pressae   105
ut lapides, aut ut fumus constare nequirent
nec cohibere nives gelidas et grandinis imbris.
Dant etiam sonitum patuli super aequora mundi,
carbasus ut quondam magnis intenta theatris
dat crepitum malos inter iactata trabesque,   110
inter dum perscissa furit petulantibus auris
et fragilis sonitus chartarum commeditatur;
id quoque enim genus in tonitru cognoscere possis,
aut ubi suspensam vestem chartasque volantis
verberibus venti versant planguntque per auras.   115
fit quoque enim inter dum ut non tam concurrere nubes
frontibus adversis possint quam de latere ire
diverso motu radentes corpora tractim,
aridus unde auris terget sonus ille diuque
ducitur, exierunt donec regionibus artis.   120
Hoc etiam pacto tonitru concussa videntur
omnia saepe gravi tremere et divolsa repente
maxima dissiluisse capacis moenia mundi,
cum subito validi venti conlecta procella
nubibus intorsit sese conclusaque ibidem   125
turbine versanti magis ac magis undique nubem
cogit uti fiat spisso cava corpore circum,
post ubi conminuit vis eius et impetus acer,
tum perterricrepo sonitu dat scissa fragorem.
nec mirum, cum plena animae vensicula parva   130
saepe haud dat parvum sonitum displosa repente.
Est etiam ratio, cum venti nubila perflant,
ut sonitus faciant; etenim ramosa videmus
nubila saepe modis multis atque aspera ferri;
scilicet ut, crebram silvam cum flamina cauri   135
perflant, dant sonitum frondes ramique fragorem.
Fit quoque ut inter dum validi vis incita venti

perscindat nubem perfringens impete recto;
nam quid possit ibi flatus manifesta docet res,
hic, ubi lenior est, in terra cum tamen alta   140
arbusta evolvens radicibus haurit ab imis.
sunt etiam fluctus per nubila, qui quasi murmur
dant in frangendo graviter; quod item fit in altis
fluminibus magnoque mari, cum frangitur aestus.
Fit quoque, ubi e nubi in nubem vis incidit ardens   145
fulminis; haec multo si forte umore recepit
ignem, continuo magno clamore trucidat;
ut calidis candens ferrum e fornacibus olim
stridit, ubi in gelidum propter demersimus imbrem.
Aridior porro si nubes accipit ignem,   150
uritur ingenti sonitu succensa repente,
lauricomos ut si per montis flamma vagetur
turbine ventorum comburens impete magno;
nec res ulla magis quam Phoebi Delphica laurus
terribili sonitu flamma crepitante crematur.   155
Denique saepe geli multus fragor atque ruina
grandinis in magnis sonitum dat nubibus alte;
ventus enim cum confercit, franguntur in artum
concreti montes nimborum et grandine mixti.
Fulgit item, nubes ignis cum semina multa   160
excussere suo concursu, ceu lapidem si
percutiat lapis aut ferrum; nam tum quoque lumen
exilit et claras scintillas dissipat ignis.
sed tonitrum fit uti post auribus accipiamus,
fulgere quam cernant oculi, quia semper ad auris   165
tardius adveniunt quam visum quae moveant res.
id licet hinc etiam cognoscere: caedere si quem
ancipiti videas ferro procul arboris auctum,
ante fit ut cernas ictum quam plaga per auris
det sonitum; sic fulgorem quoque cernimus ante   170
quam tonitrum accipimus, pariter qui mittitur igni
e simili causa, concursu natus eodem.
Hoc etiam pacto volucri loca lumine tingunt
nubes et tremulo tempestas impete fulgit.
ventus ubi invasit nubem et versatus ibidem   175

fecit ut ante cavam docui spissescere nubem,
mobilitate sua fervescit; ut omnia motu
percalefacta vides ardescere, plumbea vero
glans etiam longo cursu volvenda liquescit.
ergo fervidus hic nubem cum perscidit atram,   180
dissipat ardoris quasi per vim expressa repente
semina, quae faciunt nictantia fulgura flammae;
inde sonus sequitur, qui tardius adlicit auris
quam quae perveniunt oculorum ad lumina nostra.
scilicet hoc densis fit nubibus et simul alte   185
extructis aliis alias super impete miro.
ne tibi sit frudi quod nos inferne videmus
quam sint lata magis quam sursum extructa quid extent.
contemplator enim, cum montibus adsimulata
nubila portabunt venti transversa per auras,   190
aut ubi per magnos montis cumulata videbis
insuper esse aliis alia atque urguere superna
in statione locata sepultis undique ventis;
tum poteris magnas moles cognoscere eorum
speluncasque vel ut saxis pendentibus structas   195
cernere, quas venti cum tempestate coorta
conplerunt, magno indignantur murmure clausi
nubibus in caveisque ferarum more minantur,
nunc hinc nunc illinc fremitus per nubila mittunt,
quaerentesque viam circum versantur et ignis   200
semina convolvunt e nubibus atque ita cogunt
multa rotantque cavis flammam fornacibus intus,
donec divolsa fulserunt nube corusci.
Hac etiam fit uti de causa mobilis ille
devolet in terram liquidi color aureus ignis,   205
semina quod nubes ipsas permulta necessust
ignis habere; etenim cum sunt umore sine ullo,
flammeus est plerumque colos et splendidus ollis.
quippe etenim solis de lumine multa necessest
concipere, ut merito rubeant ignesque profundant.   210
hasce igitur cum ventus agens contrusit in unum
compressitque locum cogens, expressa profundunt
semina, quae faciunt flammae fulgere colores.

Fulgit item, cum rarescunt quoque nubila caeli;
nam cum ventus eas leviter diducit euntis
dissoluitque, cadant ingratius illa necessest
semina quae faciunt fulgorem. tum sine taetro
terrore atque sonis fulgit nulloque tumultu.
Quod superest, quali natura praedita constent
fulmina, declarant ictus et inusta vaporis
signa notaeque gravis halantis sulpuris auras;
ignis enim sunt haec non venti signa neque imbris.
praeterea saepe accendunt quoque tecta domorum
et celeri flamma dominantur in aedibus ipsis.
hunc tibi subtilem cum primis ignibus ignem
constituit natura minutis mobilibusque
corporibus, cui nil omnino obsistere possit.
transit enim validum fulmen per saepta domorum
clamor ut ac voces, transit per saxa, per aera
et liquidum puncto facit aes in tempore et aurum.
curat item vasis integris vina repente
diffugiant, quia ni mirum facile omnia circum
conlaxat rareque facit lateramina vasis
adveniens calor eius et insinuatus in ipsum
mobiliter soluens differt primordia vini.
quod solis vapor aetatem non posse videtur
efficere usque adeo pollens fervore corusco.
tanto mobilior vis et dominantior haec est.
Nunc ea quo pacto gignantur et impete tanto
fiant ut possint ictu discludere turris,
disturbare domos, avellere tigna trabesque
et monimenta virum commoliri atque ciere,
exanimare homines, pecudes prosternere passim,
cetera de genere hoc qua vi facere omnia possint,
expediam neque te in promissis plura morabor.
Fulmina gignier e crassis alteque putandumst
nubibus extructis; nam caelo nulla sereno
nec leviter densis mittuntur nubibus umquam.
nam dubio procul hoc fieri manifesta docet res;
quod tunc per totum concrescunt aeëra nubes,
undique uti tenebras omnis Acherunta reamur

215
220
225
230
235
240
245
250

liquisse et magnas caeli complesse cavernas,
Æusque adeo tetra nimborum nocte coorta
inpendent atrae formidinis ora superne,Æ
cum commoliri tempestas fulmina coeptat.   255
praeterea persaepe niger quoque per mare nimbus,
ut picis e caelo demissum flumen, in undas
sic cadit effertus tenebris procul et trahit atram
fulminibus gravidam tempestatem atque procellis,
ignibus ac ventis cum primis ipse repletus,   260
in terra quoque ut horrescant ac tecta requirant.
sic igitur supera nostrum caput esse putandumst
tempestatem altam; neque enim caligine tanta
obruerent terras, nisi inaedificata superne
multa forent multis exempto nubila sole;   265
nec tanto possent venientes opprimere imbri,
flumina abundare ut facerent camposque natare,
si non extructis foret alte nubibus aether.
hic igitur ventis atque ignibus omnia plena
sunt; ideo passim fremitus et fulgura fiunt.   270
quippe etenim supra docui permulta vaporis
semina habere cavas nubes et multa necessest
concipere ex solis radiis ardoreque eorum.
hoc ubi ventus eas idem qui cogit in unum
forte locum quemvis, expressit multa vaporis   275
semina seque simul cum eo commiscuit igni,
insinuatus ibi vortex versatur in arto
et calidis acuit fulmen fornacibus intus;
nam duplici ratione accenditur: ipse sua cum
mobilitate calescit et e contagibus ignis.   280
inde ubi percaluit venti vis et gravis ignis
impetus incessit, maturum tum quasi fulmen
perscindit subito nubem ferturque coruscis
omnia luminibus lustrans loca percitus ardor.
quem gravis insequitur sonitus, displosa repente   285
opprimere ut caeli videantur templa superne.
inde tremor terras graviter pertemptat et altum
murmura percurrunt caelum; nam tota fere tum
tempestas concussa tremit fremitusque moventur.

quo de concussu sequitur gravis imber et uber,   290
omnis uti videatur in imbrem vertier aether
atque ita praecipitans ad diluviem revocare;
tantus discidio nubis ventique procella
mittitur, ardenti sonitus cum provolat ictu.
Est etiam cum vis extrinsecus incita venti   295
incidit in validam maturo culmine nubem;
quam cum perscidit, extemplo cadit igneus ille
vertex, quem patrio vocitamus nomine fulmen.
hoc fit idem in partis alias, quo cumque tulit vis.
Fit quoque ut inter dum venti vis missa sine igni   300
igniscat tamen in spatio longoque meatu,
dum venit amittens in cursu corpora quaedam
grandia, quae nequeunt pariter penetrare per auras,
atque alia ex ipso conradens aeëre portat
parvola, quae faciunt ignem commixta volando;   305
non alia longe ratione ac plumbea saepe
fervida fit glans in cursu, cum multa rigoris
corpora dimittens ignem concepit in auris.
Fit quoque ut ipsius plagae vis excitet ignem,
frigida cum venti pepulit vis missa sine igni,   310
ni mirum quia, cum vehementi perculit ictu,
confluere ex ipso possunt elementa vaporis
et simul ex illa quae tum res excipit ictum;
ut, lapidem ferro cum caedimus, evolat ignis,
nec, quod frigida vis ferrist, hoc setius illi   315
semina concurrunt calidi fulgoris ad ictum.
sic igitur quoque res accendi fulmine debet,
opportuna fuit si forte et idonea flammis.
nec temere omnino plane vis frigida venti
esse potest, ea quae tanta vi missa supernest,   320
quin, prius in cursu si non accenditur igni,
at tepefacta tamen veniat commixta calore.
Mobilitas autem fit fulminis et gravis ictus
et celeri ferme percurrunt fulmina lapsu,
nubibus ipsa quod omnino prius incita se vis   325
colligit et magnum conamen sumit eundi,
inde ubi non potuit nubes capere inpetis auctum,

exprimitur vis atque ideo volat impete miro,
ut validis quae de tormentis missa feruntur.
Adde quod e parvis et levibus est elementis,   330
nec facilest tali naturae obsistere quicquam;
inter enim fugit ac penetrat per rara viarum,
non igitur multis offensibus in remorando
haesitat, hanc ob rem celeri volat impete labens.
Deinde, quod omnino natura pondera deorsum   335
omnia nituntur, cum plagast addita vero,
mobilitas duplicatur et impetus ille gravescit,
ut vehementius et citius quae cumque morantur
obvia discutiat plagis itinerque sequatur.
Denique quod longo venit impete, sumere debet   340
mobilitatem etiam atque etiam, quae crescit eundo
et validas auget viris et roborat ictum;
nam facit ut quae sint illius semina cumque
e regione locum quasi in unum cuncta ferantur,
omnia coniciens in eum volventia cursum.   345
Forsitan ex ipso veniens trahat aeëre quaedam
corpora, quae plagis incendunt mobilitatem.
incolumisque venit per res atque integra transit
multa, foraminibus liquidus quia transviat ignis.
multaque perfringit, cum corpora fulminis ipsa   350
corporibus rerum inciderunt, qua texta tenentur.
dissoluit porro facile aes aurumque repente
conferve facit, e parvis quia facta minute
corporibus vis est et levibus ex elementis,
quae facile insinuantur et insinuata repente   355
dissoluont nodos omnis et vincla relaxant.
Autumnoque magis stellis fulgentibus alta
concutitur caeli domus undique totaque tellus,
et cum tempora se veris florentia pandunt.
frigore enim desunt ignes ventique calore   360
deficiunt neque sunt tam denso corpore nubes.
interutrasque igitur cum caeli tempora constant,
tum variae causae concurrunt fulminis omnes.
nam fretus ipse anni permiscet frigus ad aestum.
quorum utrumque opus est fabricanda ad fulmina nubi,   365

ut discordia sit rerum magnoque tumultu
ignibus et ventis furibundus fluctuet aeër.
prima caloris enim pars est postrema rigoris;
tempus id est vernum; quare pugnare necessest
dissimilis res inter se turbareque mixtas.   370
et calor extremus primo cum frigore mixtus
volvitur, autumni quod fertur nomine tempus,
hic quoque confligunt hiemes aestatibus acres.
propterea freta sunt haec anni nominitanda,
nec mirumst, in eo si tempore plurima fiunt   375
fulmina tempestasque cietur turbida caelo,
ancipiti quoniam bello turbatur utrimque,
hinc flammis, illinc ventis umoreque mixto.
Hoc est igniferi naturam fulminis ipsam
perspicere et qua vi faciat rem quamque videre,   380
non Tyrrhena retro volventem carmina frustra
indicia occultae divum perquirere mentis,
unde volans ignis pervenerit aut in utram se
verterit hinc partim, quo pacto per loca saepta
insinuarit, et hinc dominatus ut extulerit se,   385
quidve nocere queat de caelo fulminis ictus.
quod si Iuppiter atque alii fulgentia divi
terrifico quatiunt sonitu caelestia templa
et iaciunt ignem quo cuiquest cumque voluntas,
cur quibus incautum scelus aversabile cumquest   390
non faciunt icti flammas ut fulguris halent
pectore perfixo, documen mortalibus acre,
et potius nulla sibi turpi conscius in re
volvitur in flammis innoxius inque peditur
turbine caelesti subito correptus et igni?   395
cur etiam loca sola petunt frustraque laborant?
an tum bracchia consuescunt firmantque lacertos?
in terraque patris cur telum perpetiuntur
optundi? cur ipse sinit neque parcit in hostis?
denique cur numquam caelo iacit undique puro   400
Iuppiter in terras fulmen sonitusque profundit?
an simul ac nubes successere, ipse in eas tum
descendit, prope ut hinc teli determinet ictus?

in mare qua porro mittit ratione? quid undas
arguit et liquidam molem camposque natantis?   405
praeterea si vult caveamus fulminis ictum,
cur dubitat facere ut possimus cernere missum?
si nec opinantis autem volt opprimere igni,
cur tonat ex illa parte, ut vitare queamus,
cur tenebras ante et fremitus et murmura concit?   410
et simul in multas partis qui credere possis
mittere? an hoc ausis numquam contendere factum,
ut fierent ictus uno sub tempore plures?
at saepest numero factum fierique necessest,
ut pluere in multis regionibus et cadere imbris,   415
fulmina sic uno fieri sub tempore multa.
postremo cur sancta deum delubra suasque
discutit infesto praeclaras fulmine sedes
et bene facta deum frangit simulacra suisque
demit imaginibus violento volnere honorem?   420
altaque cur plerumque petit loca plurimaque eius
montibus in summis vestigia cernimus ignis?
Quod super est, facilest ex his cognoscere rebus,
presteras Graii quos ab re nominitarunt,
in mare qua missi veniant ratione superne.   425
nam fit ut inter dum tam quam demissa columna
in mare de caelo descendat, quam freta circum
fervescunt graviter spirantibus incita flabris,
et quae cumque in eo tum sint deprensa tumultu
navigia in summum veniant vexata periclum.   430
hoc fit ubi inter dum non quit vis incita venti
rumpere quam coepit nubem, sed deprimit, ut sit
in mare de caelo tam quam demissa columna,
paulatim, quasi quid pugno bracchique superne
coniectu trudatur et extendatur in undas;   435
quam cum discidit, hinc prorumpitur in mare venti
vis et fervorem mirum concinnat in undis;
versabundus enim turbo descendit et illam
deducit pariter lento cum corpore nubem;
quam simul ac gravidam detrusit ad aequora ponti,   440
ille in aquam subito totum se inmittit et omne

excitat ingenti sonitu mare fervere cogens.
Fit quoque ut involvat venti se nubibus ipse
vertex conradens ex aeëre semina nubis
et quasi demissum caelo prestera imitetur;   445
hic ubi se in terras demisit dissoluitque,
turbinis immanem vim provomit atque procellae.
sed quia fit raro omnino montisque necessest
officere in terris, apparet crebrius idem
prospectu maris in magno caeloque patenti.   450
Nubila concrescunt, ubi corpora multa volando
hoc super in caeli spatio coiere repente
asperiora, modis quae possint indupedita
exiguis tamen inter se compressa teneri.
haec faciunt primum parvas consistere nubes;   455
inde ea comprendunt inter se conque gregantur
et coniungendo crescunt ventisque feruntur
usque adeo donec tempestas saeva coortast.
Fit quoque uti montis vicina cacumina caelo
quam sint quoque magis, tanto magis edita fument   460
adsidue fulvae nubis caligine crassa
propterea quia, cum consistunt nubila primum,
ante videre oculi quam possint tenvia, venti
portantes cogunt ad summa cacumina montis;
hic demum fit uti turba maiore coorta   465
et condensa queant apparere et simul ipso
vertice de montis videantur surgere in aethram.
nam loca declarat sursum ventosa patere
res ipsa et sensus, montis cum ascendimus altos.
Praeterea permulta mari quoque tollere toto   470
corpora naturam declarant litore vestis
suspensae, cum concipiunt umoris adhaesum.
quo magis ad nubis augendas multa videntur
posse quoque e salso consurgere momine ponti;
nam ratio consanguineast umoribus omnis.   475
Praeterea fluviis ex omnibus et simul ipsa
surgere de terra nebulas aestumque videmus,
quae vel ut halitus hinc ita sursum expressa feruntur
suffunduntque sua caelum caligine et altas

sufficiunt nubis paulatim conveniundo;   480
urget enim quoque signiferi super aetheris aestus
et quasi densendo subtexit caerula nimbis.
Fit quoque ut hunc veniant in caelum extrinsecus illa
corpora quae faciunt nubis nimbosque volantis;
innumerabilem enim numerum summamque profundi   485
esse infinitam docui, quantaque volarent
corpora mobilitate ostendi quamque repente
immemorabile per spatium transire solerent.
haut igitur mirumst, si parvo tempore saepe
tam magnis ventis tempestas atque tenebrae   490
coperiant maria ac terras inpensa superne,
undique quandoquidem per caulas aetheris omnis
et quasi per magni circum spiracula mundi
exitus introitusque elementis redditus extat.
Nunc age, quo pacto pluvius concrescat in altis   495
nubibus umor et in terras demissus ut imber
decidat, expediam. primum iam semina aquai
multa simul vincam consurgere nubibus ipsis
omnibus ex rebus pariterque ita crescere utrumque
et nubis et aquam, quae cumque in nubibus extat,   500
ut pariter nobis corpus cum sanguine crescit,
sudor item atque umor qui cumque est denique membris.
concipiunt etiam multum quoque saepe marinum
umorem, vel uti pendentia vellera lanae,
cum supera magnum mare venti nubila portant.   505
consimili ratione ex omnibus amnibus umor
tollitur in nubis. quo cum bene semina aquarum
multa modis multis convenere undique adaucta,
confertae nubes umorem mittere certant
dupliciter; nam vis venti contrudit et ipsa   510
copia nimborum turba maiore coacta
urget et e supero premit ac facit effluere imbris.
praeterea cum rarescunt quoque nubila ventis
aut dissolvuntur solis super icta calore,
mittunt umorem pluvium stillantque, quasi igni   515
cera super calido tabescens multa liquescat.
sed vehemens imber fit, ubi vehementer utraque

nubila vi cumulata premuntur et impete venti.
at retinere diu pluviae longumque morari
consuerunt, ubi multa cientur semina aquarum 520
atque aliis aliae nubes nimbique rigantes
insuper atque omni vulgo de parte feruntur,
terraque cum fumans umorem tota redhalat.
hic ubi sol radiis tempestatem inter opacam
adversa fulsit nimborum aspargine contra, 525
tum color in nigris existit nubibus arqui.
Cetera quae sursum crescunt sursumque creantur,
et quae concrescunt in nubibus, omnia, prorsum
omnia, nix venti grando gelidaeque pruinae
et vis magna geli, magnum duramen aquarum, 530
et mora quae fluvios passim refrenat aventis,
perfacilest tamen haec reperire animoque videre,
omnia quo pacto fiant quareve creentur,
cum bene cognoris elementis reddita quae sint.
Nunc age, quae ratio terrai motibus extet 535
percipe. et in primis terram fac ut esse rearis
supter item ut supera ventosis undique plenam
speluncis multosque lacus multasque lucunas
in gremio gerere et rupes deruptaque saxa;
multaque sub tergo terrai flumina tecta 540
volvere vi fluctus summersos caeca putandumst;
undique enim similem esse sui res postulat ipsa.
his igitur rebus subiunctis suppositisque
terra superne tremit magnis concussa ruinis,
subter ubi ingentis speluncas subruit aetas; 545
quippe cadunt toti montes magnoque repente
concussu late disserpunt inde tremores.
et merito, quoniam plaustris concussa tremescunt
tecta viam propter non magno pondere tota,
nec minus exultant, si quidvis cumque viai 550
ferratos utrimque rotarum succutit orbes.
Fit quoque, ubi in magnas aquae vastasque lucunas
gleba vetustate e terra provolvitur ingens,
ut iactetur aquae fluctu quoque terra vacillans;
ut vas inter aquas non quit constare, nisi umor 555

destitit in dubio fluctu iactarier intus.
Praeterea ventus cum per loca subcava terrae
collectus parte ex una procumbit et urget
obnixus magnis speluncas viribus altas,
incumbit tellus quo venti prona premit vis.   560
tum supera terram quae sunt extructa domorum
ad caelumque magis quanto sunt edita quaeque,
inclinata minent in eandem prodita partem
protractaeque trabes inpendent ire paratae.
et metuunt magni naturam credere mundi   565
exitiale aliquod tempus clademque manere,
cum videant tantam terrarum incumbere molem!
quod nisi respirent venti, vis nulla refrenet
res neque ab exitio possit reprehendere euntis;
nunc quia respirant alternis inque gravescunt   570
et quasi collecti redeunt ceduntque repulsi,
saepius hanc ob rem minitatur terra ruinas
quam facit; inclinatur enim retroque recellit
et recipit prolapsa suas in pondere sedes.
hac igitur ratione vacillant omnia tecta,   575
summa magis mediis, media imis, ima perhilum.
Est haec eiusdem quoque magni causa tremoris.
ventus ubi atque animae subito vis maxima quaedam
aut extrinsecus aut ipsa tellure coorta
in loca se cava terrai coniecit ibique   580
speluncas inter magnas fremit ante tumultu
versabundaQUE portatur, post incita cum vis
exagitata foras erumpitur et simul altam
diffindens terram magnum concinnat hiatum.
in Syria Sidone quod accidit et fuit Aegi   585
in Peloponneso, quas exitus hic animai
disturbat urbes et terrae motus obortus.
multaque praeterea ceciderunt moenia magnis
motibus in terris et multae per mare pessum
subsedere suis pariter cum civibus urbes.   590
quod nisi prorumpit, tamen impetus ipse animai
et fera vis venti per crebra foramina terrae
dispertitur ut horror et incutit inde tremorem;

frigus uti nostros penitus cum venit in artus,
concutit invitos cogens tremere atque movere.   595
ancipiti trepidant igitur terrore per urbis,
tecta superne timent, metuunt inferne cavernas
terrai ne dissoluat natura repente,
neu distracta suum late dispandat hiatum
idque suis confusa velit complere ruinis.   600
proinde licet quamvis caelum terramque reantur
incorrupta fore aeternae mandata saluti:
et tamen inter dum praesens vis ipsa pericli
subdit et hunc stimulum quadam de parte timoris,
ne pedibus raptim tellus subtracta feratur   605
in barathrum rerumque sequatur prodita summa
funditus et fiat mundi confusa ruina.
*

Principio mare mirantur non reddere maius
naturam, quo sit tantus decursus aquarum,
omnia quo veniant ex omni flumina parte.   610
adde vagos imbris tempestatesque volantes,
omnia quae maria ac terras sparguntque rigantque;
adde suos fontis; tamen ad maris omnia summam
guttai vix instar erunt unius adaugmen;
quo minus est mirum mare non augescere magnum.   615
Praeterea magnam sol partem detrahit aestu.
quippe videmus enim vestis umore madentis
exsiccare suis radiis ardentibus solem;
at pelage multa et late substrata videmus.
proinde licet quamvis ex uno quoque loco sol   620
umoris parvam delibet ab aequore partem,
largiter in tanto spatio tamen auferet undis.
Tum porro venti quoque magnam tollere partem
umoris possunt verrentes aequora, ventis
una nocte vias quoniam persaepe videmus   625
siccari mollisque luti concrescere crustas.
Praeterea docui multum quoque tollere nubes
umorem magno conceptum ex aequore ponti
et passim toto terrarum spargere in orbi,
cum pluit in terris et venti nubila portant.   630

Postremo quoniam raro cum corpore tellus
est et coniunctast oras maris undique cingens,
debet, ut in mare de terris venit umor aquai,
in terras itidem manare ex aequore salso;
percolatur enim virus retroque remanat   635
materies umoris et ad caput amnibus omnis
confluit, inde super terras redit agmine dulci
qua via secta semel liquido pede detulit undas.
Nunc ratio quae sit, per fauces montis ut Aetnae
expirent ignes inter dum turbine tanto,   640
expediam; neque enim mediocri clade coorta
flammae tempestas Siculum dominata per agros
finitimis ad se convertit gentibus ora,
fumida cum caeli scintillare omnia templa
cernentes pavida complebant pectora cura,   645
quid moliretur rerum natura novarum.
Hisce tibi in rebus latest alteque videndum
et longe cunctas in partis dispiciendum,
ut reminiscaris summam rerum esse profundam
et videas caelum summai totius unum   650
quam sit parvula pars et quam multesima constet
nec tota pars, homo terrai quota totius unus.
quod bene propositum si plane contueare
ac videas plane, mirari multa relinquas.
numquis enim nostrum miratur, siquis in artus   655
accepit calido febrim fervore coortam
aut alium quemvis morbi per membra dolorem?
opturgescit enim subito pes, arripit acer
saepe dolor dentes, oculos invadit in ipsos,
existit sacer ignis et urit corpore serpens   660
quam cumque arripuit partem repitque per artus,
ni mirum quia sunt multarum semina rerum
et satis haec tellus morbi caelumque mali fert,
unde queat vis immensi procrescere morbi.
sic igitur toti caelo terraeque putandumst   665
ex infinito satis omnia suppeditare,
unde repente queat tellus concussa moveri
perque mare ac terras rapidus percurrere turbo,

ignis abundare Aetnaeus, flammescere caelum;
id quoque enim fit et ardescunt caelestia templa   670
et tempestates pluviae graviore coortu
sunt, ubi forte ita se tetulerunt semina aquarum.
'at nimis est ingens incendi turbidus ardor.'
scilicet et fluvius qui visus maximus ei,
qui non ante aliquem maiorem vidit, et ingens   675
arbor homoque videtur et omnia de genere omni
maxima quae vidit quisque, haec ingentia fingit,
cum tamen omnia cum caelo terraque marique
nil sint ad summam summai totius omnem.
Nunc tamen illa modis quibus inritata repente   680
flamma foras vastis Aetnae fornacibus efflet,
expediam. primum totius subcava montis
est natura fere silicum suffulta cavernis.
omnibus est porro in speluncis ventus et aeër.
ventus enim fit, ubi est agitando percitus aeër.   685
hic ubi percaluit cale fecitque omnia circum
saxa furens, qua contingit, terramque et ab ollis
excussit calidum flammis velocibus ignem,
tollit se ac rectis ita faucibus eicit alte.
fert itaque ardorem longe longeque favillam   690
differt et crassa volvit caligine fumum
extruditque simul mirando pondere saxa;
ne dubites quin haec animai turbida sit vis.
praeterea magna ex parti mare montis ad eius
radices frangit fluctus aestumque resolvit.   695
ex hoc usque mari speluncae montis ad altas
perveniunt subter fauces. hac ire fatendumst
*
et penetrare mari penitus res cogit aperto
atque efflare foras ideoque extollere flammam
saxaque subiectare et arenae tollere nimbos.   700
in summo sunt vertice enim crateres, ut ipsi
nominitant, nos quod fauces perhibemus et ora.
Sunt aliquot quoque res quarum unam dicere causam
non satis est, verum pluris, unde una tamen sit;
corpus ut exanimum siquod procul ipse iacere   705

conspicias hominis, fit ut omnis dicere causas
conveniat leti, dicatur ut illius una;
nam neque eum ferro nec frigore vincere possis
interiisse neque a morbo neque forte veneno,
verum aliquid genere esse ex hoc quod contigit ei   710
scimus. item in multis hoc rebus dicere habemus.
Nilus in aestatem crescit campisque redundat
unicus in terris, Aegypti totius amnis.
is rigat Aegyptum medium per saepe calorem,
aut quia sunt aestate aquilones ostia contra,   715
anni tempore eo, qui etesiae esse feruntur,
et contra fluvium flantes remorantur et undas
cogentes sursus replent coguntque manere.
nam dubio procul haec adverso flabra feruntur
flumine, quae gelidis ab stellis axis aguntur;   720
ille ex aestifera parti venit amnis ab austro
inter nigra virum percocto saecla colore
exoriens penitus media ab regione diei.
est quoque uti possit magnus congestus harenae
fluctibus adversis oppilare ostia contra,   725
cum mare permotum ventis ruit intus harenam;
quo fit uti pacto liber minus exitus amnis
et proclivis item fiat minus impetus undis.
fit quoque uti pluviae forsan magis ad caput ei
tempore eo fiant, quo etesia flabra aquilonum   730
nubila coniciunt in eas tunc omnia partis.
scilicet, ad mediam regionem eiecta diei
cum convenerunt, ibi ad altos denique montis
contrusae nubes coguntur vique premuntur.
forsitan Aethiopum penitus de montibus altis   735
crescat, ubi in campos albas descendere ningues
tabificis subigit radiis sol omnia lustrans.
Nunc age, Averna tibi quae sint loca cumque lacusque,
expediam, quali natura praedita constent.
principio, quod Averna vocantur nomine, id ab re   740
inpositumst, quia sunt avibus contraria cunctis,
e regione ea quod loca cum venere volantes,
remigii oblitae pennarum vela remittunt

praecipitesque cadunt molli cervice profusae
in terram, si forte ita fert natura locorum, 745
aut in aquam, si forte lacus substratus Averni.
is locus est Cumas aput, acri sulpure montis
oppleti calidis ubi fumant fontibus aucti.
est et Athenaeis in moenibus, arcis in ipso
vertice, Palladis ad templum Tritonidis almae, 750
quo numquam pennis appellunt corpora raucae
cornices, non cum fumant altaria donis;
usque adeo fugitant non iras Palladis acris
pervigili causa, Graium ut cecinere poeëtae,
sed natura loci opus efficit ipsa suapte. 755
in Syria quoque fertur item locus esse videri,
quadripedes quoque quo simul ac vestigia primum
intulerint, graviter vis cogat concidere ipsa,
manibus ut si sint divis mactata repente.
omnia quae naturali ratione geruntur, 760
et quibus e fiant causis apparet origo;
ianua ne pote eis Orci regionibus esse
credatur, post hinc animas Acheruntis in oras
ducere forte deos manis inferne reamur,
naribus alipedes ut cervi saepe putantur 765
ducere de latebris serpentia saecla ferarum.
quod procul a vera quam sit ratione repulsum
percipe; nam de re nunc ipsa dicere conor.
Principio hoc dico, quod dixi saepe quoque ante,
in terra cuiusque modi rerum esse figuras; 770
multa, cibo quae sunt, vitalia multaque, morbos
incutere et mortem quae possint adcelerare.
et magis esse aliis alias animantibus aptas
res ad vitai rationem ostendimus ante
propter dissimilem naturam dissimilisque 775
texturas inter sese primasque figuras.
multa meant inimica per auris, multa per ipsas
insinuant naris infesta atque aspera tactu,
nec sunt multa parum tactu vitanda neque autem
aspectu fugienda saporeque tristia quae sint. 780
Deinde videre licet quam multae sint homini res

acriter infesto sensu spurcaeque gravisque;
arboribus primum certis gravis umbra tributa
usque adeo, capitis faciant ut saepe dolores,
siquis eas subter iacuit prostratus in herbis.   785
est etiam magnis Heliconis montibus arbos
floris odore hominem taetro consueta necare.
scilicet haec ideo terris ex omnia surgunt,
multa modis multis multarum semina rerum
quod permixta gerit tellus discretaque tradit.   790
nocturnumque recens extinctum lumen ubi acri
nidore offendit nares, consopit ibidem,
concidere et spumas qui morbo mittere suevit.
castoreoque gravi mulier sopita recumbit,
et manibus nitidum teneris opus effluit ei,   795
tempore eo si odoratast quo menstrua solvit.
multaque praeterea languentia membra per artus
solvunt atque animam labefactant sedibus intus.
denique si calidis etiam cunctere lavabris
plenior et lueris, solio ferventis aquai   800
quam facile in medio fit uti des saepe ruinas!
carbonumque gravis vis atque odor insinuatur
quam facile in cerebrum, nisi aqua praecepimus ante!
at cum membra domans percepit fervida febris,
tum fit odor vini plagae mactabilis instar.   805
nonne vides etiam terra quoque sulpur in ipsa
gignier et taetro concrescere odore bitumen,
denique ubi argenti venas aurique secuntur,
terrai penitus scrutantes abdita ferro,
qualis expiret Scaptensula subter odores?   810
quidve mali fit ut exalent aurata metalla!
quas hominum reddunt facies qualisque colores!
nonne vides audisve perire in tempore parvo
quam soleant et quam vitai copia desit,
quos opere in tali cohibet vis magna necessis?   815
hos igitur tellus omnis exaestuat aestus
expiratque foras in apertum promptaque caeli.
Sic et Averna loca alitibus summittere debent
mortiferam vim. de terra quae surgit in auras,

ut spatium caeli quadam de parte venenet;   820
quo simul ac primum pennis delata sit ales,
impediatur ibi caeco correpta veneno,
ut cadat e regione loci, qua derigit aestus.
quo cum conruit, hic eadem vis illius aestus
reliquias vitae membris ex omnibus aufert.   825
quippe etenim primo quasi quendam conciet aestum;
posterius fit uti. cum iam cecidere veneni
in fontis ipsos, ibi sit quoque vita vomenda,
propterea quod magna mali fit copia circum.
Fit quoque ut inter dum vis haec atque aestus Averni   830
aeëra, qui inter avis cumquest terramque locatus.
discutiat, prope uti locus hic linquatur inanis.
cuius ubi e regione loci venere volantis,
claudicat extemplo pinnarum nisus inanis
et conamen utrimque alarum proditur omne.   835
hic ubi nixari nequeunt insistereque alis,
scilicet in terram delabi pondere cogit
natura, et vacuum prope iam per inane iacentes
dispergunt animas per caulas corporis omnis.
*

frigidior porro in puteis aestate fit umor,   840
arescit quia terra calore et semina si qua
forte vaporis habet proprie, dimittit in auras.
quo magis est igitur tellus effeta calore,
fit quoque frigidior qui in terrast abditus umor.
frigore cum premitur porro omnis terra coitque   845
et quasi concrescit, fit scilicet ut coeundo
exprimat in puteos si quem gerit ipsa calorem.
Esse apud Hammonis fanum fons luce diurna
frigidus et calidus nocturno tempore fertur.
hunc homines fontem nimis admirantur et acri   850
sole putant subter terras fervescere partim,
nox ubi terribili terras caligine texit.
quod nimis a verast longe ratione remotum.
quippe ubi sol nudum contractans corpus aquai
non quierit calidum supera de reddere parte,   855
cum superum lumen tanto fervore fruatur,

qui queat hic supter tam crasso corpore terram
perquoquere umorem et calido focilare vapore?
praesertim cum vix possit per saepta domorum
insinuare suum radiis ardentibus aestum.   860
quae ratiost igitur? ni mirum terra magis quod
rara tenet circum fontem quam cetera tellus
multaque sunt ignis prope semina corpus aquai.
hoc ubi roriferis terram nox obruit undis,
extemplo penitus frigescit terra coitque.   865
hac ratione fit ut, tam quam compressa manu sit,
exprimat in fontem quae semina cumque habet ignis,
quae calidum faciunt laticis tactum atque vaporem.
inde ubi sol radiis terram dimovit obortus
et rare fecit calido miscente vapore,   870
rursus in antiquas redeunt primordia sedes
ignis et in terram cedit calor omnis aquai.
frigidus hanc ob rem fit fons in luce diurna.
praeterea solis radiis iactatur aquai
umor et in lucem tremulo rarescit ab aestu;   875
propterea fit uti quae semina cumque habet ignis
dimittat; quasi saepe gelum, quod continet in se,
mittit et exsolvit glaciem nodosque relaxat.
Frigidus est etiam fons, supra quem sita saepe
stuppa iacit flammam concepto protinus igni,   880
taedaque consimili ratione accensa per undas
conlucet, quo cumque natans impellitur auris.
ni mirum quia sunt in aqua permulta vaporis
semina de terraque necessest funditus ipsa
ignis corpora per totum consurgere fontem   885
et simul exspirare foras exireque in auras,
non ita multa tamen, calidus queat ut fieri fons;
praeterea dispersa foras erumpere cogit
vis per aquam subito sursumque ea conciliari.
quod genus endo marist Aradi fons, dulcis aquai   890
qui scatit et salsas circum se dimovet undas;
et multis aliis praebet regionibus aequor
utilitatem opportunam sitientibus nautis,
quod dulcis inter salsas intervomit undas.

sic igitur per eum possunt erumpere fontem 895
et scatere illa foras; in stuppam semina quae cum
conveniunt aut in taedai corpore adhaerent,
ardescunt facile extemplo, quia multa quoque in se
semina habent ignis stuppae taedaeque tenentes.
nonne vides etiam, nocturna ad lumina linum 900
nuper ubi extinctum admoveas, accendier ante
quam tetigit flammam, taedamque pari ratione?
multaque praeterea prius ipso tacta vapore
eminus ardescunt quam comminus imbuat ignis.
hoc igitur fieri quoque in illo fonte putandumst. 905
Quod super est, agere incipiam quo foedere fiat
naturae, lapis hic ut ferrum ducere possit,
quem Magneta vocant patrio de nomine Grai,
Magnetum quia sit patriis in finibus ortus.
hunc homines lapidem mirantur; quippe catenam 910
saepe ex anellis reddit pendentibus ex se.
quinque etenim licet inter dum pluresque videre
ordine demisso levibus iactarier auris,
unus ubi ex uno dependet supter adhaerens
ex alioque alius lapidis vim vinclaque noscit; 915
usque adeo permananter vis pervalet eius.
Hoc genus in rebus firmandumst multa prius quam
ipsius rei rationem reddere possis,
et nimium longis ambagibus est adeundum;
quo magis attentas auris animumque reposco. 920
Principio omnibus ab rebus, quas cumque videmus,
perpetuo fluere ac mitti spargique necessest
corpora quae feriant oculos visumque lacessant.
perpetuoque fluunt certis ab rebus odores;
frigus ut a fluviis, calor a sole, aestus ab undis 925
aequoris, exesor moerorum, litora propter;
nec varii cessant sonitus manare per auras;
denique in os salsi venit umor saepe saporis,
cum mare versamur propter, dilutaque contra
cum tuimur misceri absinthia, tangit amaror. 930
usque adeo omnibus ab rebus res quaeque fluenter
fertur et in cunctas dimittitur undique partis

nec mora nec requies interdatur ulla fluendi,
perpetuo quoniam sentimus et omnia semper
cernere odorari licet et sentire sonare.   935
Nunc omnis repetam quam raro corpore sint res
commemorare; quod in primo quoque carmine claret.
quippe etenim, quamquam multas hoc pertinet ad res
noscere, cum primis hanc ad rem protinus ipsam,
qua de disserere adgredior, firmare necessest   940
nil esse in promptu nisi mixtum corpus inani.
principio fit ut in speluncis saxa superna
sudent umore et guttis manantibus stillent.
manat item nobis e toto corpore sudor,
crescit barba pilique per omnia membra, per artus.   945
diditur in venas cibus omnis, auget alitque
corporis extremas quoque partis unguiculosque.
frigus item transire per aes calidumque vaporem
sentimus, sentimus item transire per aurum
atque per argentum, cum pocula plena tenemus.   950
denique per dissaepta domorum saxea voces
pervolitant, permanat odor frigusque vaposque
ignis, qui ferri quoque vim penetrare sueëvit,
denique qua circum caeli lorica coeërcet,
morbida visque simul, cum extrinsecus insinuatur;   955
et tempestate in terra caeloque coorta
in caelum terrasque remotae iure facessunt;
quandoquidem nihil est nisi raro corpore nexum.
Huc accedit uti non omnia, quae iaciuntur
corpora cumque ab rebus, eodem praedita sensu   960
atque eodem pacto rebus sint omnibus apta.
principio terram sol excoquit et facit are,
at glaciem dissolvit et altis montibus altas
extructasque nives radiis tabescere cogit;
denique cera lique fit in eius posta vapore.   965
ignis item liquidum facit aes aurumque resolvit,
at coria et carnem trahit et conducit in unum.
umor aquae porro ferrum condurat ab igni,
at coria et carnem mollit durata calore.
barbigeras oleaster eo iuvat usque capellas,   970

effluat ambrosias quasi vero et nectare tinctus;
qua nihil est homini quod amarius fronde acida extet.
denique amaracinum fugitat sus et timet omne
unguentum; nam saetigeris subus acre venenumst;
quod nos inter dum tam quam recreare videtur.   975
at contra nobis caenum taeterrima cum sit
spurcities, eadem subus haec iucunda videtur,
insatiabiliter toti ut volvantur ibidem.
Hoc etiam super est, ipsa quam dicere de re
adgredior, quod dicendum prius esse videtur.   980
multa foramina cum variis sint reddita rebus,
dissimili inter se natura praedita debent
esse et habere suam naturam quaeque viasque.
quippe etenim varii sensus animantibus insunt,
quorum quisque suam proprie rem percipit in se;   985
nam penetrare alio sonitus alioque saporem
cernimus e sucis, alio nidoris odores.
scilicet id fieri cogit natura viarum
multimodis varians, ut paulo ostendimus ante.
praeterea manare aliud per saxa videtur,   990
atque aliud lignis, aliud transire per aurum,
argentoque foras aliud vitroque meare;
nam fluere hac species, illac calor ire videtur,
atque aliis aliud citius transmittere eadem.
scilicet id fieri cogit natura viarum   995
multimodis varians, ut paulo ostendimus ante,
propter dissimilem naturam textaque rerum.
Qua propter, bene ubi haec confirmata atque locata
omnia constiterint nobis praeposta parata,
quod super est, facile hinc ratio reddetur et omnis   1000
causa pate fiet, quae ferri pelliciat vim.
Principio fluere e lapide hoc permulta necessest
semina sive aestum, qui discutit aeëra plagis,
inter qui lapidem ferrumque est cumque locatus.
hoc ubi inanitur spatium multusque vace fit   1005
in medio locus, extemplo primordia ferri
in vacuum prolapsa cadunt coniuncta, fit utque
anulus ipse sequatur eatque ita corpore toto.

nec res ulla magis primoribus ex elementis
indupedita suis arte conexa cohaeret   1010
quam validi ferri natura et frigidus horror.
quo minus est mirum, quod dicitur esse alienum,
corpora si nequeunt e ferro plura coorta
in vacuum ferri, quin anulus ipse sequatur;
quod facit et sequitur, donec pervenit ad ipsum   1015
iam lapidem caecisque in eo compagibus haesit.
hoc fit idem cunctas in partis; unde vace fit
cumque locus, sive e transverso sive superne,
corpora continuo in vacuum vicina feruntur;
quippe agitantur enim plagis aliunde nec ipsa   1020
sponte sua sursum possunt consurgere in auras.
huc accedit item, quare queat id magis esse,
haec quoque res adiumento motuque iuvatur,
quod, simul a fronte est anelli rarior aeër
factus inanitusque locus magis ac vacuatus,   1025
continuo fit uti qui post est cumque locatus
aeër a tergo quasi provehat atque propellat.
semper enim circum positus res verberat aeër;
sed tali fit uti propellat tempore ferrum,
parte quod ex una spatium vacat et capit in se.   1030
hic, tibi quem memoro, per crebra foramina ferri
parvas ad partis subtiliter insinuatus
trudit et inpellit, quasi navem velaque ventus.
denique res omnes debent in corpore habere
aeëra, quandoquidem raro sunt corpore et aeër   1035
omnibus est rebus circum datus adpositusque.
hic igitur, penitus qui in ferrost abditus aeër,
sollicito motu semper iactatur eoque
verberat anellum dubio procul et ciet intus,
scilicet illo eodem fertur, quo praecipitavit   1040
iam semel et partem in vacuam conamina sumpsit.
Fit quoque ut a lapide hoc ferri natura recedat
inter dum, fugere atque sequi consueta vicissim.
exultare etiam Samothracia ferrea vidi
et ramenta simul ferri furere intus ahenis   1045
in scaphiis, lapis hic Magnes cum subditus esset;

usque adeo fugere a saxo gestire videtur.
aere interposito discordia tanta creatur
propterea quia ni mirum prius aestus ubi aeris
praecepit ferrique vias possedit apertas,   1050
posterior lapidis venit aestus et omnia plena
invenit in ferro neque habet qua tranet ut ante;
cogitur offensare igitur pulsareque fluctu
ferrea texta suo; quo pacto respuit ab se
atque per aes agitat, sine eo quod saepe resorbet.   1055
Illud in his rebus mirari mitte, quod aestus
non valet e lapide hoc alias impellere item res.
pondere enim fretae partim stant, quod genus aurum;
at partim raro quia sunt cum corpore, ut aestus
pervolet intactus, nequeunt inpellier usquam,   1060
lignea materies in quo genere esse videtur.
interutrasque igitur ferri natura locata
aeris ubi accepit quaedam corpuscula, tum fit,
inpellant ut eo Magnesia flumine saxa.
nec tamen haec ita sunt aliarum rerum aliena,   1065
ut mihi multa parum genere ex hoc suppeditentur,
quae memorare queam inter se singlariter apta.
saxa vides primum sola colescere calce.
glutine materies taurino iungitur una,
ut vitio venae tabularum saepius hiscant   1070
quam laxare queant compages taurea vincla.
vitigeni latices aquai fontibus audent
misceri, cum pix nequeat gravis et leve olivom.
purpureusque colos conchyli iungitur uno
corpore cum lanae, dirimi qui non queat usquam,   1075
non si Neptuni fluctu renovare operam des,
non mare si totum velit eluere omnibus undis.
denique res auro non aurum copulat una,
aerique aes plumbo fit uti iungatur ab albo?
cetera iam quam multa licet reperire! quid ergo?   1080
nec tibi tam longis opus est ambagibus usquam
nec me tam multam hic operam consumere par est,
sed breviter paucis praestat comprendere multa.
quorum ita texturae ceciderunt mutua contra,

ut cava conveniant plenis haec illius illa   1085
huiusque inter se, iunctura haec optima constat.
est etiam, quasi ut anellis hamisque plicata
inter se quaedam possint coplata teneri;
quod magis in lapide hoc fieri ferroque videtur.
Nunc ratio quae sit morbis aut unde repente   1090
mortiferam possit cladem conflare coorta
morbida vis hominum generi pecudumque catervis,
expediam, primum multarum semina rerum
esse supra docui quae sint vitalia nobis,
et contra quae sint morbo mortique necessest   1095
multa volare; ea cum casu sunt forte coorta
et perturbarunt caelum, fit morbidus aeër.
atque ea vis omnis morborum pestilitasque
aut extrinsecus ut nubes nebulaeque superne
per caelum veniunt aut ipsa saepe coorta   1100
de terra surgunt, ubi putorem umida nactast
intempestivis pluviisque et solibus icta.
nonne vides etiam caeli novitate et aquarum
temptari procul a patria qui cumque domoque
adveniunt ideo quia longe discrepitant res?   1105
nam quid Brittannis caelum differre putamus,
et quod in Aegypto est, qua mundi claudicat axis,
quidve quod in Ponto est differre et Gadibus atque
usque ad nigra virum percocto saecla colore?
quae cum quattuor inter se diversa videmus   1110
quattuor a ventis et caeli partibus esse,
tum color et facies hominum distare videntur
largiter et morbi generatim saecla tenere.
est elephas morbus qui propter flumina Nili
gignitur Aegypto in media neque praeterea usquam. 1115
Atthide temptantur gressus oculique in Achaeis
finibus. inde aliis alius locus est inimicus
partibus ac membris; varius concinnat id aeër.
proinde ubi se caelum, quod nobis forte alienum,
commovet atque aeër inimicus serpere coepit,   1120
ut nebula ac nubes paulatim repit et omne
qua graditur conturbat et immutare coactat,

fit quoque ut, in nostrum cum venit denique caelum,
corrumpat reddatque sui simile atque alienum.
haec igitur subito clades nova pestilitasque   1125
aut in aquas cadit aut fruges persidit in ipsas
aut alios hominum pastus pecudumque cibatus,
aut etiam suspensa manet vis aeëre in ipso
et, cum spirantes mixtas hinc ducimus auras,
illa quoque in corpus pariter sorbere necessest.   1130
consimili ratione venit bubus quoque saepe
pestilitas et iam pigris balantibus aegror.
nec refert utrum nos in loca deveniamus
nobis adversa et caeli mutemus amictum,
an caelum nobis ultro natura corumptum   1135
deferat aut aliquid quo non consuevimus uti,
quod nos adventu possit temptare recenti.
Haec ratio quondam morborum et mortifer aestus
finibus in Cecropis funestos reddidit agros
vastavitque vias, exhausit civibus urbem.   1140
nam penitus veniens Aegypti finibus ortus,
aeëra permensus multum camposque natantis,
incubuit tandem populo Pandionis omni.
inde catervatim morbo mortique dabantur.
principio caput incensum fervore gerebant   1145
et duplicis oculos suffusa luce rubentes.
sudabant etiam fauces intrinsecus atrae
sanguine et ulceribus vocis via saepta coibat
atque animi interpres manabat lingua cruore
debilitata malis, motu gravis, aspera tactu.   1150
inde ubi per fauces pectus complerat et ipsum
morbida vis in cor maestum confluxerat aegris,
omnia tum vero vitai claustra lababant.
spiritus ore foras taetrum volvebat odorem,
rancida quo perolent proiecta cadavera ritu.   1155
atque animi prorsum tum vires totius, omne
languebat corpus leti iam limine in ipso.
intolerabilibusque malis erat anxius angor
adsidue comes et gemitu commixta querella,
singultusque frequens noctem per saepe diemque   1160

corripere adsidue nervos et membra coactans
dissoluebat eos, defessos ante, fatigans.
nec nimio cuiquam posses ardore tueri
corporis in summo summam fervescere partem,
sed potius tepidum manibus proponere tactum   1165
et simul ulceribus quasi inustis omne rubere
corpus, ut est per membra sacer dum diditur ignis.
intima pars hominum vero flagrabat ad ossa,
flagrabat stomacho flamma ut fornacibus intus.
nil adeo posses cuiquam leve tenveque membris   1170
vertere in utilitatem, at ventum et frigora semper.
in fluvios partim gelidos ardentia morbo
membra dabant nudum iacientes corpus in undas.
multi praecipites nymphis putealibus alte
inciderunt ipso venientes ore patente: 1175
insedabiliter sitis arida corpora mersans
aequabat multum parvis umoribus imbrem.
nec requies erat ulla mali: defessa iacebant
corpora. mussabat tacito medicina timore,
quippe patentia cum totiens ardentia morbis   1180
lumina versarent oculorum expertia somno.
multaque praeterea mortis tum signa dabantur:
perturbata animi mens in maerore metuque,
triste supercilium, furiosus voltus et acer,
sollicitae porro plenaeque sonoribus aures,   1185
creber spiritus aut ingens raroque coortus,
sudorisque madens per collum splendidus umor,
tenvia sputa minuta, croci contacta colore
salsaque per fauces rauca vix edita tussi.
in manibus vero nervi trahere et tremere artus   1190
a pedibusque minutatim succedere frigus
non dubitabat. item ad supremum denique tempus
conpressae nares, nasi primoris acumen
tenve, cavati oculi, cava tempora, frigida pellis
duraque in ore, iacens rictu, frons tenta manebat.   1195
nec nimio rigida post artus morte iacebant.
octavoque fere candenti lumine solis
aut etiam nona reddebant lampade vitam.

quorum siquis, ut est, vitarat funera leti,
ulceribus taetris et nigra proluvie alvi   1200
posterius tamen hunc tabes letumque manebat,
aut etiam multus capitis cum saepe dolore
corruptus sanguis expletis naribus ibat.
huc hominis totae vires corpusque fluebat.
profluvium porro qui taetri sanguinis acre   1205
exierat, tamen in nervos huic morbus et artus
ibat et in partis genitalis corporis ipsas.
et graviter partim metuentes limina leti
vivebant ferro privati parte virili,
et manibus sine non nulli pedibusque manebant   1210
in vita tamen et perdebant lumina partim.
usque adeo mortis metus iis incesserat acer.
atque etiam quosdam cepere oblivia rerum
cunctarum, neque se possent cognoscere ut ipsi.
multaque humi cum inhumata iacerent corpora supra   1215
corporibus, tamen alituum genus atque ferarum
aut procul absiliebat, ut acrem exiret odorem,
aut, ubi gustarat, languebat morte propinqua.
nec tamen omnino temere illis solibus ulla
comparebat avis, nec tristia saecla ferarum   1220
exibant silvis. languebant pleraque morbo
et moriebantur. cum primis fida canum vis
strata viis animam ponebat in omnibus aegre;
extorquebat enim vitam vis morbida membris.
incomitata rapi certabant funera vasta   1225
nec ratio remedii communis certa dabatur;
nam quod ali dederat vitalis aeëris auras
volvere in ore licere et caeli templa tueri,
hoc aliis erat exitio letumque parabat.
Illud in his rebus miserandum magnopere unum   1230
aerumnabile erat, quod ubi se quisque videbat
implicitum morbo, morti damnatus ut esset,
deficiens animo maesto cum corde iacebat,
funera respectans animam amittebat ibidem.
quippe etenim nullo cessabant tempore apisci   1235
ex aliis alios avidi contagia morbi,

lanigeras tam quam pecudes et bucera saecla,
idque vel in primis cumulabat funere funus
nam qui cumque suos fugitabant visere ad aegros,
vitai nimium cupidos mortisque timentis   1240
poenibat paulo post turpi morte malaque,
desertos, opis expertis, incuria mactans.
qui fuerant autem praesto, contagibus ibant
atque labore, pudor quem tum cogebat obire
blandaque lassorum vox mixta voce querellae.   1245
optimus hoc leti genus ergo quisque subibat.
Praeterea iam pastor et armentarius omnis
et robustus item curvi moderator aratri
languebat, penitusque casa contrusa iacebant
corpora paupertate et morbo dedita morti.   1250
exanimis pueris super exanimata parentum
corpora non numquam posses retroque videre
matribus et patribus natos super edere vitam.
nec minimam partem ex agris maeror is in urbem
confluxit, languens quem contulit agricolarum   1255
copia conveniens ex omni morbida parte.
omnia conplebant loca tectaque quo magis aestu,
confertos ita acervatim mors accumulabat.
multa siti prostrata viam per proque voluta
corpora silanos ad aquarum strata iacebant   1260
interclusa anima nimia ab dulcedine aquarum,
multaque per populi passim loca prompta viasque
languida semanimo cum corpore membra videres
horrida paedore et pannis cooperta perire,
corporis inluvie, pelli super ossibus una,   1265
ulceribus taetris prope iam sordeque sepulta.
omnia denique sancta deum delubra replerat
corporibus mors exanimis onerataque passim
cuncta cadaveribus caelestum templa manebant,
hospitibus loca quae complerant aedituentes.   1270
nec iam religio divom nec numina magni
pendebantur enim: praesens dolor exsuperabat.
nec mos ille sepulturae remanebat in urbe,
quo prius hic populus semper consuerat humari;

perturbatus enim totus trepidabat et unus 1275
quisque suum pro re cognatum maestus humabat.
multaque res subita et paupertas horrida suasit;
namque suos consanguineos aliena rogorum
insuper extructa ingenti clamore locabant
subdebantque faces, multo cum sanguine saepe 1280
rixantes, potius quam corpora desererentur,
inque aliis alium populum sepelire suorum
certantes; lacrimis lassi luctuque redibant;
inde bonam partem in lectum maerore dabantur;
nec poterat quisquam reperiri, quem neque morbus 1285
nec mors nec luctus temptaret tempore tali.

Inhaltsverzeichnis

Sind Sie auf der Suche nach dem perfekten Werkzeug, um alte Sprachen zu lernen?

Wir haben eine Plattform geschaffen

die das Lernen von Latein transformiert.

Interaktive Texte.
Angepasst an jede Stufe des Lateins.
Ein Konzentrat an Wissen inklusive.

Entdecken Sie die Plattform
→ ArmaVirumque.fr ←